Kohlhammer

Mensch – Zeit – Geschichte

Herausgegeben von Julia Angster, Peter Steinbach, Reinhold Weber

Die Herausgeber:
Professor Dr. Julia Angster lehrt Neuere und Neueste Geschichte an der Universität Mannheim. Professor Dr. Steinbach lehrt Neuere Geschichte an der Universität Mannheim. Dr. Reinhold Weber ist Publikationsreferent bei der Landeszentrale Baden-Württemberg und Lehrbeauftragter am Seminar für Zeitgeschichte der Universität Tübingen.

Sylvia Schraut

Bürgerinnen im Kaiserreich

Biografie eines Lebensstils

Verlag W. Kohlhammer

Umschlaggestaltung: Peter Horlacher
Gesamtherstellung:
Umschlag: Gestaltungskonzept Peter Horlacher
W. Kohlhammer Druckerei GmbH + Co. KG, Stuttgart
Printed in Germany
ISBN: 978-3-17-022436-0

Inhalt

Bürgerinnen – Biografie eines Lebensstils

Wer kennt heute noch typische Bürgerinnen des Wilhelminischen Zeitalters? Nicken Sie wissend, wenn der Name Hedwig Heyl (1850–1934) fällt? Sie galt zu ihrer Zeit als „beste Hausfrau" der Nation. Haben Sie schon mal den Namen Lily Braun (1865–1916) gehört? Die Sozialdemokratin adeliger Herkunft forderte bereits 1901 die Vergesellschaftung der Haushalts- und Familienarbeit. Genossenschaftlich betriebene Großküchen und Kindergärten sollten es der Frau ermöglichen, Beruf, gesellschaftliches Engagement und Familienpflichten zu verbinden. Wussten Sie, dass sich in den 1870er Jahren Franziska Tiburtius (1843–1927) als erste promovierte Ärztin in Berlin niederließ, dem Widerstand der staatlichen Behörden und der männlichen Kollegen trotzend? Fällt Ihnen etwas zu Elisabeth Gnauck-Kühne (1850–1917) ein? Die Bildungs- und Sozialpolitikerin engagierte sich in der kirchlichen Frauenbewegung. Viele andere wären zu nennen, die heute vergessen sind. Von höheren professionellen Bildungsgängen und Berufslaufbahnen wegen ihres Geschlechts ausgegrenzt, rechtlich der Geschlechtsvormundschaft unterliegend und vom politischen Wahlrecht ausgeschlossen, eroberten sie ihren Platz bestenfalls in den Annalen der bürgerlichen Frauenbewegung. Viele von ihnen werden in der Geschichtsschreibung nur knapp erwähnt, etwa als Angehörige berühmter Familien oder Partnerinnen bekannter Männer. Doch die Entwicklung Deutschlands zum Industriestaat, die Ausformung eines urbanen Lebensstils und die Ausgestaltung des deutschen Sozialstaatsmodells wären ohne ihre Beteiligung nicht vonstattengegangen. Sie verdienen es also, aus dem Dunkel des Vergessens ans Licht geholt zu werden.

Es sind die weiblichen Angehörigen des Bürgertums der Wilhelminischen Ära in ihrer Gesamtheit, um die es im Folgenden gehen wird. Im Mittelpunkt stehen Frauen, die das Kaiserreich in Jugend und Erwachsenenalter bewusst erlebten, mithin Frauen, die etwa zwischen 1830 und 1880 geboren wurden. Sie umfassen damit zwei bis drei Generationen. Als Töchter, Mütter und Großmütter waren sie Zeitzeuginnen und Akteurinnen eines Zeitalters, in dem sich das Deutschland der Moderne entwickelte. Ihre Leben verliefen im Einzelnen recht unterschiedlich. Doch sie unterlagen gemeinsam den gesellschaftlichen und politischen Rahmenbedingungen ihrer Epoche. Ihre Handlungsspielräume und Hoffnungen waren ähnlich und sie hatten verwandte Vorstellungen über eine ihrem Stand angemessene Lebensweise. Es ist ein Lebensstil, den wir heute schlichtweg als bürgerlich charakterisieren. So groß war seine Ausstrahlungskraft auf die Angehörigen anderer gesellschaftlicher Schichten, dass er dem ganzen Jahrhundert seinen Namen gab, und so hat das 19. Jahrhundert den Beinamen „das bürgerliche Jahrhundert" erhalten.

Der Begriff Bürgertum ist vielschichtig. Er benennt zu verschiedenen Zeiten Unterschiedliches. Bis ins frühe 19. Jahrhundert hinein waren damit vor allem die rechtlich privilegierten Städter gemeint. Wer über das städtische Bürgerrecht verfügte, hatte im Notfall Anspruch auf Unterstützung seitens der Gemeinde. Bürger durften selbstständig ein Gewerbe ausüben. Sie hatten entsprechend ihrer Steuerleistung Anteil an der kommunalen Regierung und partizipierten an der kommunalen Selbstverwaltung. Kinder folgten im Bürgerrecht den Eltern nach. Man konnte das Bürgerrecht auch erwerben, doch die Gemeinden verschenkten ihre Privilegien keineswegs großzügig. Schon diese traditionsreiche, je nach Landesrecht mehr oder weniger große Gruppierung der städtischen Einwohnerschaft pflegte einen einheitlichen Lebensstil. Arbeitsfleiß und Leistung, wirtschaftliche Selbstständigkeit und Besitz, an letzteren gebundener politischer Einfluss auf die kommunalen Geschicke, soziale Verantwortung und Bürgerstolz waren Merkmale bürgerlichen Selbstverständnisses.

Während der Industrialisierung wuchs allmählich die Zahl derjenigen Gewerbetreibenden, die ihren wirtschaftlichen und geistigen Horizont über die Stadtgrenzen hinaus ausdehnten. Inhaber von Handlungen mauserten sich zu Großkaufleuten. Lokale Kapitalgeber wurden von Bankhäusern mit überregionalem Aktionsradius abgelöst. Selbstständigen Handwerkern folgten Manufakturbesitzer und Fabrikanten nach. Nicht selten ertrotzten sie sich mit staatlicher Unterstützung das Recht auf neue Produktionsweisen. Ansiedlungsmöglichkeiten für die wachsende Arbeiterschaft und deren kommunale Eingliederung wurden gegen den Widerstand des alten Stadtbürgertums hart erkämpft. Zum neuen Wirtschaftsbürgertum gesellten sich schließlich dank der Erweiterung staatlicher Verwaltungen und der Ausformung eines qualifizierten Bildungssystems die Bildungsbürger. Namengebend war ihre Wertschätzung einer weitreichenden humanistischen Bildung. Häufig überragte die Bereitschaft der Staatsbeamten, Lehrer und Professoren, den eigenen Kindern kostspielige Ausbildungen zu gewähren, die finanziellen Möglichkeiten und zwang zu großer Sparsamkeit.

Sie alle, Stadtbürger, die Angehörigen des Wirtschaftsbürgertums und das Bildungsbürgertum hatten bis zum Beginn des Wilhelminischen Kaiserreichs einen gemeinsamen Lebensstil herausgebildet: den „bürgerlichen“. Fleiß und Leistungsdenken dienten als Schranke zum Adel, Bildung und Besitz als Abgrenzung gegenüber Arbeiterschaft und Bauern. Kommunale Verantwortung und politisches Interesse an der Entwicklung des Kaiserreiches waren charakteristisch für eine bürgerliche Lebensweise, genauso wie soziales Engagement, kulturelles Mäzenatentum oder die Pflege einer ausgeprägten Geselligkeit in den eigenen Kreisen.

Zum bürgerlichen Selbstverständnis gehörte auch eine fest verankerte Vorstellung von rechter Männlichkeit und Weiblichkeit. Die Wurzeln des bürgerlichen Geschlechtermodells reichen in die Aufklärung zurück, die sich in der zweiten Hälfte des 18. Jahrhunderts entfaltete. Ziel der gebildeten Debatten jener Zeit war, künftig Staat und Gesellschaft vernünftig zu regeln. Die allen gemeinsame menschliche Natur galt als Grundlage von Familie und Staat. Anschaulich formulierte Jean-Jacques Rousseau die Leitideen der Epoche in seinem 1762 veröffentlichten Roman „Émile“. Rousseau zufolge waren alle Menschen vor Natur aus gut, doch Mann und Frau grundsätzlich verschieden. Stand er für Verstand, Vernunft und Tatkraft, so entsprachen ihrem Wesen Gefühl, Unvernunft und Passivität. War er für die öffentlichen Belange zuständig, so wurden ihr die Familie und das Hauswesen als eigentliche Domänen zugewiesen. Letztlich war die Erziehung der Frau an den Bedürfnissen des Mannes zu orientieren. Denn nicht die gemeinsamen Aufgaben konstituierten das (bürgerliche) Paar, sondern die Beziehung der Ehegatten zueinander. Rousseaus Konzept der geschlechtsspezifischen Rollenteilung entfaltete Wirkmächtigkeit auch in der politischen Sphäre und diente dazu, das weibliche Geschlecht von politischen Partizipationsrechten fernzuhalten. Die zunehmende Ausstrahlungskraft bürgerlicher Geschlechterrollen auch auf andere soziale Schichten sowie die rechtliche, bildungs- und sozialpolitische Verankerung der Geschlechterschranken sollten das lange 19. Jahrhundert prägen. Kennzeichnend für die letzten Jahrzehnte dieser Epoche war aber auch, dass sich mehr und mehr Frauen darum bemühten, die ihrem Geschlecht gesetzten Schranken im Bildungswesen, in Berufsarbeit und politischer Betätigung einzureißen. Am Beginn und im Zentrum dieses Prozesses standen die Bürgerinnen, von denen nun die Rede sein wird.

Eine bürgerliche Kindheit

Es ist ein Mädchen

Müller, Müller, mahl' er!
Die Jungen kosten 'nen Taler,
Die Mädchen kosten 'nen Taubendreck,
Die schuppt man mit den Beinen weg.

Müller, Müller, mahl' er!
Die Mädchen kriegen 'nen Taler,
Die Jungen kriegen 'n Reiterpferd,
Das ist wohl tausend Taler wert

(Kinderreim nach Hedwig Dohm, 1902, 14).

Kinder machten (und machen) nicht nur im 19. Jahrhundert aus einem Paar eine Familie. In einer vor 1871 gegründeten bürgerlichen Familie kamen durchschnittlich etwa sechs Kinder zur Welt, von denen allerdings nicht alle erwachsen wurden. Hohe Säuglingssterblichkeit, lebensbedrohende ansteckende Erkrankungen, die heute als „Kinderkrankheiten" ihren Schrecken verloren haben, oder Seuchenzüge wie die Pocken forderten ihre Opfer. Erst allmählich setzten sich Bestrebungen durch, den eigenen Kindersegen bewusst einzuschränken. Die hohen Summen, die investiert werden mussten, um den Kindern standesgemäße Ausbildungen zu erwerben, ließen im letzten Drittel des Jahrhunderts das Bürgertum in Sachen Geburtenplanung zum Vorreiter werden. Doch für die übergroße Mehrheit der Bürgerinnen war es selbstverständlich, mit mehreren Geschwistern, wenn nicht gar in einer ganzen Geschwisterschar aufzuwachsen. In den Jugenderinnerungen verklärten sich die ersten Lebensjahre nicht selten zu einem fröhlichen, lauten und sorgenfreien Leben im Freien. *Ich schaue in den Spiegel*, erinnert sich die 1843 geborene, auf einem Gutshof auf Rügen aufgewachsene Franziska Tiburtius, *und frage mich, ob ich das wirklich bin, jenes kleine braune Ding mit den fliegenden Zöpfen, wehendem Kleidchen und flinken Beinen, das wie ein getreuer Pudel hinter einer ganzen Schar Knaben und Mädchen herläuft, die über den Gutshof rasen, schreien, raufen, auf die Strohmiete klettern, hinunterrutschen, Versteck spielen. […] (Ich) musste allerhand kleine Dienste tun, Kaninchen füttern, wenn die Großen nicht Zeit und Lust dazu hatten, musste Steine und Sand in der Schürze herbeitragen, zum Bau der großen Festung, die von den Jungen auf der Wiese hinter dem Garten errichtet wurde, musste aufpassen, ob Herr Dalmer, der Hauslehrer, schon vom Ufer zurückgekommen war, weil man dann zum Unterricht anzutreten hatte, – und war froh, ‚dabei' zu sein* (Tiburtius, 1929, 21). Auch Elisabeth Kühne, die 1850 geborene Juristentochter, erinnert sich an *sorgliche Überwachung bei denkbarster Bewegungsfreiheit, innige Verbundenheit mit Garten, Wiese, Wald, mit Blumen und Tieren. Eine drei Jahre ältere Schwester; der ein Jahr ältere Bruder […] unzertrennlicher Kamerad in Schutz und Trutz, zu Friedenstaten und auf oft sehr energischen Kriegspfaden* (Simon, 1928, 11). Und in ihren publizierten Kindheitserinnerungen schreibt sie: *Wenn ich mir meine Kindheit vergegenwärtige und die der Großstadtkinder damit vergleiche, so kann ich mir nicht vorstellen, was aus mir geworden wäre ohne die Bewegungsfreiheit der köstlichen kleinen Ackerbürgerstadt und ohne die Beziehung zur Natur* (Gnauck-Kühne, 1909/10, 126). Sie erwähnt aber auch die mütterlichen Stockhiebe, die Streitigkeiten zwischen den Geschwistern schlichten sollten. *Und es ist merkwürdig, wie beredt ein stummer Stock sprechen kann* (ebd. 128).

Ein naturnahes relativ freies Leben in ländlicher Umgebung genossen städtische Bürgerkinder seltener. Hier war der Erziehungsstil strenger und artete nicht selten in Drill aus. Das Kinderleben spielte sich unter Beobachtung der Kindermädchen und Gouvernanten fern von den Erwachsenen ab. Doch die mütterliche und väterliche Kontrolle war allzeit spürbar. Kinder im Hause sollten am besten unsichtbar, vor allem aber unhörbar sein, bedeutete man der 1850 geborenen Bremer Großkaufmannstochter Hedwig Crüsemann (verh. Heyl). Die Größeren, die schon am elterlichen Mittagessen teilnehmen durften, wussten, dass sie zu schweigen hatten. *Kam ein Kind einige Minuten später wie die Eltern an den Tisch, stellte es sich ruhig hinter den Stuhl bis zum Schluss der Mahlzeit. Gnade gab es nicht. Speisen, die nicht aufgegessen wurden, wenn sie auf dem Teller lagen, kamen zum Abendbrot wieder* (Heyl, 1906, 39). Ohnehin redete ein streng erzogenes Bürgerkind mit den Erwachsenen nur, wenn es explizit dazu aufgefordert worden war.

Zwar berichten Bürgerinnen auch von liebevollen zärtlichen Beziehungen zu Mutter oder Vater, Großeltern oder weiteren Verwandten.

Doch selbstverständlich waren solche Verbindungen nicht. Zumeist waren die Väter fern. *Ein stiller, ergebener Herr. Wir wussten nichts von ihm, er wusste nichts von uns* (Dohm, 1912, 66), so die 1831 geborene Hedwig Dohm, geb. Schleh in ihren Jugenderinnerungen. Irgendwie waren Väter immer am Arbeiten, die Mütter mit hauswirtschaftlichen und gesellschaftlichen Verpflichtungen befasst und belastet. Gerade die Kleineren hatten häufig engere Bindungen an die Dienstboten als an die Eltern. *Ich war das erste ihrer Ammenkinder*, erzählt Hedwig Dohm über ihre Mutter. *Darum mochte sie mich nicht. Ich weiß es von ihr selbst. Dass ich – ein Säugling – immer nur nach der Amme, nicht nach ihr verlangte – hielt sie für frühzeitige Charaktertücke* (Dohm, 1912, 65).

In jedem Fall aber unterschied sich die Erziehung von Jungen und Mädchen und die Sorgfalt, die Eltern auf Erziehung und Bildung von Jungen und Mädchen verwandten. Nicht nur in den Haushalten des Adels und der regierenden Dynastien kündigte die doppelte Böllerzahl die Geburt eines Sohnes an. Auch in Bürgerfamilien zählten Söhne in der Regel mehr. Söhne setzten die Familie und gegebenenfalls das Familienunternehmen fort. Söhne traten in die beruflichen Fußstapfen der Väter. Und Töchter? Töchter wurden fortgegeben. Sie kosteten standesgemäße Aussteuern und schufen bestenfalls neue verwandtschaftliche Beziehungen zu anderen Familien, so jedenfalls die gängige Anschauung. Söhne durften sich der besonderen Aufmerksamkeit der Väter sicher sein, und die Töchter? Mit *Natürlich einen Jungen. Ein Mädchen ist doch nichts Ernsthaftes* (Mann, 1974, 29) verstimmte beispielsweise Thomas Mann Hedwig Dohm, als diese ihn nach dem Wunschgeschlecht seines zukünftigen ersten Kindes fragte.

Die leichte Enttäuschung, dass es „nur" ein Mädchen ist, durchzieht viele autobiografische Texte von Müttern und Töchtern. Ihren Mann bestätigend, schreibt Katia Mann, geb. Pringsheim (geb. 1883), über ihre erstes Kind: *Es war also ein Mädchen, Erika. Ich war sehr verärgert. Ich war immer verärgert, wenn ich ein Mädchen bekam, warum weiß ich nicht. Wir hatten ja im ganzen drei Buben und drei Mädchen, dadurch war Gleichgewicht. Wenn es vier Mädchen und zwei Buben gewesen wären, wäre ich außer mir geraten* (Mann, 1974, 29). Und die Professorengattin Emilie Bücher (geb. 1853) berichtet von einer befreundeten Familie: *Frau Seeliger bekam gestern ein Mädchen.* […] *Ich fürchte, sie sind recht enttäuscht, obwohl mit Unrecht. So ein kleines Mädel verschwindet unter den andern, wogegen beim Bub eine ganze Familie* u[nd] *ein Haushalt nach* s[einer] *Lernerei* u[nd] *Studiererei sich richten müssen* (Wagner-Hasel, 2011, 141).

Ich habe meinen Eltern keine Sorge gemacht, lässt Hedwig Dohm Agnes Schmidt, die Icherzählerin der Novelle *Werde, die du bist* (1894), eine Kanzleiratstochter, folgerichtig sagen. *Ich tat, was man von mir verlangte. Sie zogen mir aber den Bruder vor, und wenn ich später weder Musik noch Zeichnen noch Sprachen oder sonst etwas lernte, so war es, weil dem Bruder Alles, was gespart werden konnte, zu gute kam. Jetzt weiß ich, warum man mir den Bruder vorzog; weil er der Sohn war und ich nur die Tochter* (Dohm, 1894, 15). Und irritiert schreibt Margarethe Krupp (geb. von Ende) über ihren Vater: *Es bleibt doch ein psychologisches Rätsel, dass ein derartiger Mann, dem laisser aller im Lernen der Töchter passiv gegenübergestanden, dass auch er sich begnügte, deren Zukunft dem lieben Gott zu überlassen, wo freilich die Söhne genug Sorgen und Ausgaben verursachten* (Friz, 2009, 46).

Selbstverständlich unterschieden sich die Kinderwelten der beiden Geschlechter, wenn sie ins Schulalter kamen. *Knaben und Mädchen lebten in getrennten Welten*, erzählt Hedwig Dohm in ihren „Erinnerungen einer alten Berlinerin". *Meine acht Brüder schlitterten auf dem zugefrorenen Rinnstein, schneeballten sich, keilten sich grässlich untereinander, waren faul in der Schule und wuschen sich am liebsten gar nicht. Mir war dieser Teil der Schöpfung durchaus unsympathisch. Die Mädchen, die saßen möglichst still, sittsam, machten Handarbeiten in den Feierstunden, von der mühsamen Perlen- und petit-point-Stickerei bis zum Strumpfstopfen herunter* (Dohm, 1912, 53 f.). *Wilde, knabenhafte Spiele sollte man den Mädchen, wie sich von selbst versteht, nie in Gemeinschaft mit Knaben, aber auch nicht unter sich gestatten*, dozierte daher auch der viel gelesene Pädagoge Karl von Raumer 1853 in einem Ratgeber über Mädchenerziehung. *Mädchenspiele müssen immer anmutig bleiben, nie die Grenze der feinen Sittsamkeit und Bescheidenheit überschreiten* (Raumer, 1853, 63 f.). *Je älter ich wurde*, bestätigt die Juristentochter Anna Pappritz (geb. 1861) in ihren Erinnerungen, *je mehr litt ich unter der Zurücksetzung, die mir als Mädchen zuteil wurde. Meine Brüder lernten schwimmen, reiten, sie bereiteten sich auf einen Beruf vor, machten Zukunftspläne, sprachen davon, wie sie später die Welt kennenlernen wollten, das Leben genießen. […] sie waren oft laut und roh und unmanierlich, wie eben viele gesunde Landjungen in den Flegeljahren zu sein pflegen. Und alle ihre Torheiten und Unarten wurden belächelt und bewundert, während bei mir die geringste Unart aufs heftigste gerügt und bestraft wurde* (Pappritz, 1908, 5 f.). Im alltäglichen kindlichen Spiel wurden die Rollen angelegt, gefördert und eingeübt, die der kleine Mann oder die kleine Frau später ausfüllen sollten.

Vorbereitung auf die künftige Frauenrolle

Um den Tisch im alten Pfarrhaus, sitzen kleine Blondköpf vier, höchst gespannt sind die Gesichter: ‚Mutter mir!' ‚mir auch!' ‚und mir!'
Ja, heut gibt es Leckerbissen, denn zwei jungen Hähnchen stehn, braun gebraten auf dem Tische appetitlich anzusehen.
‚Nun verteil' ich', spricht die Mutter, schalkhaft lacht sie, dem Papa schnell das größte Hähnchen spendend; lau wehrt der: ‚Nein, du Mama.'
Nun das andere; ernsthaft blicken die vier Kleinen, wie so fein nun in so viele, kleine Stücke, sie das Hähnchen teilet ein.
‚Etsch', sagt da der kleine Walther zu der ros'gen Schwesternschar, ‚wenn ich einmal groß bin, ess' ich auch ein Hähnchen ganz und gar.
Ihr könnte nie ein ganzes haben, Ihr kriegt höchstens nur ein Bein, aber ich werd' mal ein Vater, und dann ist ein ganzes mein.'
Sehr beklommen sind die Schwestern. ‚Mutter, ist es wahr, sag an, kriegen Frau'n nie ganze Hähnchen, isst die immer nur der Mann?'

(Helene Christhallter, in: die Frau VII, 1899/1900, 272).

Bildung, im Bürgertum wertgeschätzt und als Erziehungsziel angestrebt, stellte keinen Selbstzweck dar. Der Erwerb von Grundkenntnissen und weiterführendem Wissen hatte sich an den zukünftigen Berufserfordernissen zu messen. Für bürgerliche Mädchen war als Berufsziel die Führung eines bürgerlichen Haushalts, idealerweise als Hausherrin an der Seite des Ehepartners geplant. Die erwartete Aufgabe erforderte das zur Haushaltsführung und Leitung der Dienstboten nötige Wissen. Ein gut ausgebildetes Bürgermädchen sollte darüber hinaus über Kompetenzen verfügen, die sie befähigten, als Gastgeberin oder Gast bei geselligen Treffen, im Salon oder Konzert eine gute Figur zu machen. Sie musste sich in Französisch oder gar Englisch unterhalten können. Künstlerisches Talent war an der Staffelei, beim Gesang oder am Klavier zu beweisen. Wenn das Fräulein in der Lage war, in leicht fließender Konversation über den neuesten Star der Oper und die Feierlichkeiten zu Kaisers Geburtstag zu plaudern, ohne zu gelehrt zu wirken, dann war eine wichtige Etappe des Erziehungs- und Ausbildungswegs gemeistert.

Vor allem aber hatten Erziehungs- und Bildungsmaßnahmen dem Ziel zu dienen, Mädchen in gesittete junge Damen zu verwandeln, die in den Augen zukünftiger Heiratskandidaten Wohlgefallen erregten. Eine solche Haltung setzte nach zeitgenössischer Vorstellung voraus, dass Mädchen grundsätzlich ihre geschlechtsspezifische Inferiorität akzeptieren lernten. Einen guten Einblick gibt der Ratgeber für „Die Frau Ihre Stellung und Aufgabe in Haus und Welt", den die 1837 geborene Mathilde Lammers 1877 publizierte. In der Schrift der engagierten Lehrerin wird der Spagat deutlich, den eine Bürgerin zu bewältigen hatte, wenn Sie einerseits selbstbewusst in dem ihr zugewiesenen Lebensbereich handeln, andererseits „seine" Richtlinienkompetenz akzeptieren wollte: *‚Ich will ihm eine Gehilfin schaffen, die um ihn sei!' So lautet das alte Bibelwort, auf dessen Grund sich alles Wirken des Weibes in dieser Welt aufbauen muss, wenn es von Bestand sein soll. Um ihn, vor ihm in helfender, dienender Liebe und Liebesgemeinschaft: wo könnte sich das besser, völliger, segensreicher erfüllen, als im Hause? Der Mann beherrscht die Welt, Gott hat ihn zum Herren über die Erde geschaffen, eben diese Herrschaft ist ein Teil seiner Gottesebenbildlichkeit. Er beherrscht die Welt des Gedankens und der Tat, die sichtbaren Dinge, die ihn in tausendjähriger Verschiedenheit, in unerschöpflicher Fülle umgeben, er erkennt die Gesetze, denen diese Dinge in ihren Wandlungen unterworfen sind, und lenkt sie dadurch nach seinem Willen* (Lammers, 1877, 67). Und die Frau? Mathilde Lammers weiß: *Nur eine Stätte ist für ihn da, wo er voll und ganz ausruhen, neue Kräfte sammeln, sich auf sich selbst besinnen und des Erworbenen ganz froh werden kann: das ist das Haus!* [...] *Im Hause gehören Mann und Weib am unlöslichsten zueinander.* [...] *Im Hause ist's auch von jeher am deutlichsten offenbar geworden, dass das Weib nichts ist ohne den Mann und der Mann nichts ohne das Weib. Aber gerade, wo das Weib mit der Hingabe ihres ganzen Wesens, mit völliger Selbstentäußerung dient, da wird sie das eigentlich herrschende, tonangebende Element* (ebd. 68).

Es galt mithin im Erziehungsprozess, beim jungen Mädchen die Bereitschaft zum Dienen zu fördern und mit hausfraulichem Selbstbewusstsein zu kombinieren. Um noch einmal Karl von Raumer zu zitieren: Mädchen müssen daran gewöhnt werden, *in jedem Augen-*

blick, wenn es nötig ist, von den Büchern oder vom Klavier aufzustehen, um etwa einem kleinern Kinde zu helfen, oder sonst den Eltern etwas zu besorgen (Raumer, 1853, 87). Auf den Punkt gebracht: sie *sollen dienen lernen, damit sie hierdurch befähigt werden, nicht bloß mit Worten und mit der Zunge, sondern mit Tat und Wahrheit zu lieben* (ebd. 88).

Konsequenterweise zählten zu den erwünschten weiblichen Tugenden Bescheidenheit und Nachgiebigkeit. Anschaulich geschildert wird ein geglückter Anpassungsprozess an das zeitgenössische Frauenideal im vielgelesenen Roman von Emmy von Rhoden, „Der Trotzkopf“, erstmals publiziert 1885. Die *Pensionsgeschichte* verfolgt die Entwicklung der 16-jährigen Ilse vom trotzigen Wildfang und Naturkind zur *lieblichen, sinnenden Jungfrau* (Rhoden, 1892, 274). *Ein Kind muss bitten können! Und ein Mädchen vor allem*, erläutert eine Pensionatslehrerin. *Lerne nachgeben mein Kind, lerne vor allem dich beherrschen! Tust du es nicht, so nimmt das Leben dich in seine harte Schule und bereitet dir viel Herzeleid und Kummer. Glaube mir, Trotz und Widerstand sind böses Unkraut in einem Mädchenherzen, und oftmals überwuchern sie die besten, heiligsten Gefühle!* (ebd. 80).

Wie wohl junge Mädchen über die ihnen zugedachten Rollenfestlegungen dachten? Viele von ihnen mögen die ihnen gebotenen Leitbilder als selbstverständlich akzeptiert oder zumindest keine Alternativvorstellungen gekannt haben. *Ich bedauerte und beklagte es täglich und stündlich, dass ich kein Junge sei; dass auch ein Mädchen ein Recht auf Entwickelung, auf Selbstständigkeit und Beteiligung und Glück haben könne, dieser Gedanke kam mir nie. Ich hielt mein Los für das gottgewollte Frauenschicksal und schalt mich innerlich selbst, dass ich mich damit nicht zufrieden geben konnte* (Pappritz, 1908, 6), berichtet Anna Pappritz. Auch Franziska Tiburtius äußert nur leise Kritik am gängigen Erziehungsstil. *Es war damals Grundsatz in der Erziehung*, schreibt sie, *dass junge Mädchen vor allen Dingen bescheiden sein, gern zurücktreten, nicht Ansprüche machen dürften; vielleicht tat meine gute Mutter in allerbester Meinung ein wenig zu viel nach dieser Richtung hin; es wurde uns immer gesagt, dass andere gescheiter, gewandter, äußerlich viel ansprechender seien als wir. Das ist für uns, die wir in eine Zeit hineinwuchsen, die uns aus der Häuslichkeit hinausdrängte, nicht ganz richtig gewesen; eine meiner Schwestern und ich haben später viel innere Kämpfe zu bestehen gehabt, um die innere Unabhängigkeit und das Selbstvertrauen zu erringen, das wir notwendig brauchten* (Tiburtius, 1929, 45 f.).

Zur Mädchenerziehung gehörte über den weiblichen Tugenderwerb hinaus das frühe Einüben hausfraulicher Fertigkeiten im Haushalt

… die ersten Jahre meines Lebens, in denen noch zwei Ge- … wurden, fielen bereits frühe hauswirtschaftliche Erfah- … Mutter auf Schritt und Tritt folgte, und auch auf dem … n Garten richtige Pflichten übernahm (Heyl, 1925, 2), … Heyl in ihren Jugenderinnerungen. *Die Erziehung von … was jüngeren Schwester ging Hand in Hand mit der des … beschäftigten Personals. Ordnung, Zeiteinteilung, Pünkt- … in den Kleinigkeiten der Erfüllung von Pflichten wurden … sern durchgeführt – bis die Strenge sich dann milderte, als … n von selbst das Ehrgefühl hatten, es recht zu machen* (ebd.). … in finanziell engeren Verhältnissen ersetzte das prakti- sche Tun … en Haushaltungsunterricht etwa in einer Töchterschule. *Das Gehalt meines Vaters – er war Kanzleirat – war klein. Die Mutter und ich, wir hielten getreulich Alles zusammen. Kaum zwölfjährig half ich schon in den Stunden, die mir die Schule freiließ, im Haushalt, in der Küche, bei der Wäsche,* so die Novellenfigur Hedwig Dohms (Dohm, 1894, 15). Hausfrauliches Training war auch in bessergestellten Familien gefragt. Lily von Kretschmann (geb. 1865), später verh. Braun, erhielt ihren Schliff in hausfraulichen Tugenden bei einem Aufenthalt im Haushalt ihrer Tante. *Es verging kein Tag, ohne dass ich gescholten worden wäre: wenn an ihrem behandschuhten Finger, mit dem sie über jede Leiste in meinem Zimmer fuhr, Staub haften blieb; wenn meine Krawatte nicht richtig gebunden war, meine Handschuhe nicht sorgfältig ausgereckt in der Schublade lagen, wenn ihre scharfen Augen einen Fleck auf dem Kleide entdeckten, oder wenn ich gar zu einer Zeit las oder schrieb, wo ich Strümpfe stopfen sollte. […] Als eine Art Selbstkasteiung sah ich es an, wenn ich nunmehr mit Feuereifer alle mir unangenehmen Arbeiten übernahm: ich stickte ‚altdeutsche' Deckchen, als ob ich es bezahlt bekäme, kämpfte stundenlang am Klavier mit meiner Talentlosigkeit, strickte unentwegt Strümpfe für Negerkinder, während die Tante nach dem Abendbrot spielte und sang* (Braun, 1985, 101, 108). Wissenserwerb und die Schulung intellektueller Kompetenzen hatten selbstverständlich hinter dem Hausfrauentraining zurückzustehen.

Halbwissen und musischer Sinn

Bildung darf bei Mädchen niemals in Wissenschaft ausarten, sonst hört sie auf, zarte weibliche Bildung zu sein. Das Mädchen kann und darf sich in nichts Wissenschaftliches mit jener hartnäckigen, männlichen Aus-

dauer vertiefen, dass sie darüber alles andere vergäße. Nach Männer Weise in der Wissenschaft gründlich zu sein, darnach könnte nur ein ganz unweibliches Mädchen streben, und nur vergebens streben, da ihr Kraft und Talent des Mannes mangelt (Raumer, 1853, 82).

Es galt folglich, den Mädchen Halbwissen zu vermitteln. Der Kenntnisstand sollte ausreichen, um die späteren hausfraulichen und repräsentativen Aufgaben zu übernehmen, zukünftigen Heiratskandidaten jedoch keinesfalls Angst vor dem „Blaustrumpf" einflößen. Im Grunde ging es um die Vermittlung „kulturellen Kapitals", darum, ein Mädchen zur Zierde ihres bürgerlichen Standes zu formen. Nicht ohne Ironie formulierte Meta Wellmer in ihrem Ratgeber für Erzieherinnen das berufsferne, fachwissenschaftlich niedrig und dennoch äußerst hochgesteckte Erziehungsziel der Mädchenbildung, das ehrgeizigen und entsprechend vermögenden Bürgereltern vorschwebte: *Einst drei neuere Sprachen fließend und elegant sprechen, brillant Klavier spielen, mit Ausdruck singen, in der Literatur dreier Nationen zu Hause sein, geistreiche Briefe, Reisebeschreibungen und Tagebücher schreiben können, außerdem viel Bildendes in mehreren Sprachen gelesen haben [...] Die Geschicklichkeit feiner Stickereien zu verfertigen und das angenehme Talent originelle Skizzen nach der Natur zu entwerfen, gehen so nebenher, als sich von selbst verstehende Beschäftigungen. [...] Man muss eines Tages eine vielseitig unterrichtete, angenehme, pikante, graziöse junge Dame in die Welt und Gesellschaft einführen können, welche durch den Firnis ihrer Kenntnisse, Talente, Reize aller Art die Wahl eines unabhängigen reichen Mannes zu fesseln verstehe* (Wellmer, 1877, 55 und 58).

Die Niederungen der Mädchenbildungspraxis waren freilich häufig ernüchternd. Dass die rudimentäre Bildung, die die öffentliche Volksschule vermittelte, einer Tochter aus dem Bürgertum nicht angemessen war, auch der gesellschaftliche Umgang nicht passend, lag auf der Hand. Wer es sich leisten konnte, engagierte für den Elementarunterricht daher Privatlehrer oder Erzieherinnen. Sie sollten das Fundament der Bildung legen und unterrichteten kleine Jungen und Mädchen mitunter noch gemeinsam. In den Erinnerungen der ehemaligen Zöglinge erhält der häusliche Schulbetrieb nicht selten schlechte Noten. *Jetzt zitterte ich vor den Schulstunden*, berichtet beispielsweise Franziska Tiburtius. *Das Fräulein saß mit strenger Miene auf dem Sofa, ich ihr gegenüber; neben ihr ein sogenanntes ‚Kantel', ein Lineal mit vier scharfen Kanten und sowie eine falsche Antwort kam – Frl. O. s Erklärungen waren nicht immer durchsichtig – fuhr das Holz gegen meinen Oberarm, so dass mein Arm von der Schulter bis zum Ellenbogen in allen*

Regenborgenfarben prangte. Gescheiter bin ich dadurch nicht geworden (Tiburtius, 1929, 37). In Margarethe von Endes Elternhaus besuchte der Sohn eine öffentliche Schule. Für den Unterricht der Mädchen in den alltäglichen Grundkenntnissen war die Haushälterin zuständig: *Stricken, Nähen, Lesen, Schreiben, ein wenig Rechnen und viel biblische Geschichte* (Friz, 2009, 26). Die Mama vermittelte Kenntnisse in Haushaltsführung, Malerei, Klavierspiel und Literatur. Für das als notwendig erachtete Französisch wurde eine französische „Bonne" eingestellt. Erweiterter Privatunterricht soll dann die Zwölfjährige darauf vorbereiten, die Endklasse der städtischen höheren Töchterschule absolvieren zu können.

Anschaulich schildert Lily Braun in ihren Erinnerungen den Ablauf eines glückenden gehobenen Privatunterrichts mit Hilfe von Gymnasiallehrern, die ins elterlich Haus kamen: *‚Doktor Hug Meyer', meldete der Diener und öffnete die Tür vor dem Erwarteten. Mein Vater stand auf. ‚Dein Erziehungsapparat', flüsterte er mir lächelnd zu. Ich war wenig neugierig. Sie waren bisher einander alle ähnlich gewesen: grauhaarige Männer mit krummen Rücken und schmutzigen Fingernägeln, ältliche, bebrillte Fräuleins mit blutleeren Lippen – wirklich: nur gleichmäßig funktionierende ‚Erziehungsapparate', aber keine Erzieher.* [...] *Täglich wiederholte sich dabei dieselbe Szene: mit linkischer Verbeugung und verlegenem Hüsteln, das sein gewaltiger Brustkasten Lügen strafte, trat er ein. ‚Sind Sie zufrieden mit Alix?' fragte Mama. ‚O sehr', antwortete er. Ihm freundlich zunickend, mir rasch die Stirne küssend, verabschiedete sie sich, und mit einem Gefühl der Erleichterung nahmen wir einander gegenüber Platz. Der Diener brachte den Kaffee, der, wie Papa gemeint hatte, eine Unterhaltung und damit ein näheres Bekanntwerden von Lehrer und Schülerin herbeiführen sollte. Aber es kam nie dazu. Dr. Meyer schluckte hastig den gebotnen braunen Trank herunter und zerbröckelte schweigsam den Kuchen zwischen den Fingern, während er meine Hefte durchsah. Erst durch den Lehrstoff, den er vortrug, taute er auf, und je mehr die Zeit vorrückte, desto heller leuchteten seine Augen, desto reicher strömten ihm alle Mittel eindrucksvoller Rede zu. War mein ganzer bisheriger Unterricht nichts als eine Anhäufung von Regeln, Versen, Namen, Zahlen und Daten gewesen,* [...] *so strömte jetzt mit ihm das Leben selbst mir zu, dessen Fülle ich in atemloser Aufmerksamkeit, in herzklopfender Erregung zu fassen und zu halten versuchte* (Braun, 1985, 53 f.).

Entschied sich die Familie doch für einen Schulbesuch außer Haus, dann galt einzig der Besuch privater Mädchenschulen als schicklich. Hier dilettierten nicht selten bürgerliche Fräuleins. Hedwig Heyl beispielsweise besuchte bis zum zwölften Lebensjahr in Bremen einen *Schulzirkel*, den Ottilie Hoffmann, die spätere Gründerin der Antialkoholbewegung in Deutschland, leitete. *Ihr Mut, als dreiundzwanzigjähriges Mädchen aus bester Familie ohne Lyzeumsexamen einen Unterricht zu leiten, war damals ganz erstaunlich – aber wenn auch schulmäßig viele Lücken entstanden, so gab sie ihren sechs Schülerinnen so viel Freude durch ihren frischen Idealismus, durch ihre herzgewinnende Güte und durch ihre in England gesammelten Erfahrungen, dass ich innerlich bereichert mit den Freundinnen einige glückliche Jahre verlebte* (Heyl, 1925, 3). Nicht alle Berichte aus den Mädchenschulen klingen ähnlich begeistert. *Gemäß der Anschauung, die auch heute noch fortwirkt, dass der Zweck der weiblichen Erziehung nicht die Entwickelung der Intelligenz, sondern die des Gemüts sei, wurde Wissenswertes nur in den minimalsten Dosen verabreicht. Sehr viel Religion* [...] *Auf Herzensbildung zielten auch die Themata des deutschen Aufsatzes ab: ‚Gefühle beim Beginn des Frühlings, Empfindungen beim Untergang der Sonne, oder Betrachtungen in der Silvesternacht.' Die Pfannkuchen und den Punsch einzuflechten, wagten wir nicht* (Dohm, 1912, 71).

Abgerundet wurde die höhere Töchterausbildung nicht selten durch einen Internatsaufenthalt. Die spätere Frauenrechtlerin Marie Witt (geb. 1859), verh. Wegner, wurde zwölfjährig zu ihrer Tante nach Dresden geschickt, um in der „Lehr- und Erziehungsanstalt" von Julie Falk vier Jahre lang „höhere Bildung" zu erwerben. Was darunter zu verstehen war, ist aus ihren Aufzeichnungen nicht zu erschließen. Die Arzttochter Anna Tomasczewska (geb. 1866), später verheiratete Blos, durfte 1880/81 die vorletzte Klasse des vornehmen Victoria Mädchenpensionats in Karlsruhe besuchen. Hedwig Crüsemann besuchte vom 15. bis 17. Lebensjahr Neu-Watztum, eine Anstalt, die sich an Gedanken des Pädagogen und Kindergartenerfinders Friedrich Fröbels orientierte. Dort hegte Henriette Breymann, eine Nichte Fröbels, den Wunsch, *junge Mädchen in eigener Anstalt für ihre kommenden Berufe als Frauen und Mütter vernunftgemäß vorzubereiten* (Heyl, 1925, 5). Welcher Lehrstoff dort tatsächlich vermittelt wurde, erfahren wir nicht, aber: *Um Vermittlung der Gegensätze – Erde und Himmel, Idee und Arbeit – Geist und Körper – Idealität und Realität – darum drehte sich die Tagesleistung, darin lag die ganze große Aufgabe, der jeder Handschlag – jeder Geistesflug diente und der eben jede Frau zu der geistigen Mütterlichkeit heranziehen wollte, die ihr zur Erfüllung des Frauenberufes unerlässlich und unentbehrlich erschien* (ebd.). Ilse, der Pensionatszögling in Emmy von Rhodens Roman „Der Trotzkopf", lernt während ihres einjährigen

Aufenthalts, französische und englische Konversation. Sie erhält ferner Unterricht in Rechnen, Deutsch und Geschichte. Besonderen Wert aber wird auf das Training in Handarbeit, Zeichnen und Tanz gelegt. Dass solche oder ähnliche ein- bis zweijährige Ausbildungen nicht zu einem wie auch immer benannten staatlich anerkannten Abschluss führten, lag auf der Hand. Wozu hätte ein staatlich anerkannter Abschluss auch dienen sollen? Berufstätigkeit war im idealen Lebensweg der Bürgertöchter nicht vorgesehen.

Ehe oder Beruf?

Mit 15 bis 16 Jahren spätestens war die schulische Bildung eines Bürgermädchens abgeschlossen. Die Familie musste klären, wie der folgende Lebensabschnitt der jungen Frau ausgestaltet werden sollte. Als Norm galt, dass die Jahre bis zur erwarteten Heirat in und mit der Familie verbracht wurden. Die selbstverständlich berufslose Tochter war der Gesellschaft zu präsentieren. Dadurch, dass sie an den Tätigkeiten ihrer Mutter mehr und mehr teilnahm, durfte sie sich allmählich in den Aufgabenbereich einer Ehe- und Hausfrau einarbeiten. Längere Besuche bei Verwandten, verbunden mit tätiger Assistenz in deren Haushalten, dienten dazu, den Erfahrungsschatz der jungen Frau zu erweitern. Hier wurde sie ohne Scheu zu intensiver Hausarbeit herangezogen. *Jetzt möchte ich noch vor Weihnachten junge Leute einladen*, schreibt die Professorengattin Emilie Bücher 1905 ihrer Schwester, als Frieda, die Tochter des älteren Bruders ihres Mannes zu Besuch ist, *da kann Frieda ihre Kochkunst wie neulich schon, erproben. Mit dem neuen Jahre wird sie wohl weggehen, denke ich, wir könnten sie natürlich für länger brauchen, denn sie hilft u[nd] näht viel, aber für sie scheint es besser, wenn sie einmal mit dem Beruf anfängt. Ein Lebensberuf ist's halt bei uns nicht! Sie weiß noch nicht recht, was sie will, aber uns scheint, es sei fast richtiger, wenn sie Krankenschwester wird.* Und über den Besuch einer anderen Nichte berichtet sie: *Nichte Martha ist sehr tüchtig, das muss ihr sogar der Feind lassen. Sie kocht u. fegt, steht um ½ 6 Uhr auf u. bin ich recht froh, sie hier zu haben* (Wagner-Hasel, 2011, 127). Wie sich der Alltag einer jugendlichen Bürgertochter konkret ausgestaltete, hing wesentlich von den finanziellen Ressourcen ihrer Familie ab. War sparsame Haushaltsführung angesagt, erschöpften sich die Möglichkeiten der jungen Bürgerin in Mitarbeit im elterlichen oder verwandten Haushalt. Nicht selten war drückende Langeweile die Folge. Wenn das Elternhaus besser gestellt war, konnte die junge Dame am sozialen und geselligen bürgerlichen Leben partizipieren, etwa Teebesuche im Bekanntenkreis absolvieren, Bälle und Konzerte besuchen.

Ein solches Leben als allzeit zu begutachtende Heiratskandidatin mochte attraktiver als das einer verwandten „Haushaltshilfe" sein. Aber konnte das Töchterprogramm auch noch fesseln, wenn mehr Zeit als erwartet verstrich und der passende Anwärter um die Hand der Tochter ausblieb? Und war es überhaupt wünschenswert, Töchter viele Jahre in Halb- oder Untätigkeit zu belassen? Diese Frage sollte sich im Verlauf des Wilhelminischen Kaiserreichs zum Motor zahlreicher Debatten um mögliche Berufe lediger Bürgerinnen entwickeln. Eine gewisse Ratlosigkeit und hilflos anmutende Suche nach sinnvollen Töchter-Aufgaben ist schon den Ratschlägen Mathilde Lammers aus dem Jahr 1877 anzumerken: *Die Töchter des gebildeten Mittelstandes beschäftigen sich heutzutage mit einer Reihe an sich sehr harmloser, in gewissem Sinne sogar berechtigter Dinge. Sie tun hie und da eine Handreichung im Haushalte. Sie fertigen endlose Stickereien in Geschenken oder für die eigene Wohnung und Kleidung. Sie sind Mitglieder von Gesangvereinen und Lesekränzchen, nehmen auch noch eine oder die andere Privatstunde und lesen abwechselnd einen englischen und einen französischen Roman, um nicht ganz aus der Übung zu kommen. Das Klavier nimmt sie täglich stundenlang in Anspruch, die Toilette länger, die Geselligkeit in ihren verschiedenen Formen am längsten* (Lammers, 1877, 75f.). Die Autorin findet solche unproduktive Verschwendung weiblicher Arbeitskraft schändlich. Aber woher soll Abhilfe kommen? Sie empfiehlt: *Wäre der Haushalt so groß, so wird es der Hausfrau wieder eine wesentliche Erleichterung sein, wenn sie den einen oder anderen Verwaltungszweig, sei es die Aufsicht über die Wäsche, über die Vorräte, über den Reinlichkeitsdienst, über die Küche, über die jüngeren Kinder, die Sorge für die Hausarmen oder was immer der Tochter wie einem verantwortlichen Minister ganz überlassen kann. Ein kleinerer Haushalt wird sich besser dabei stehen, wenn zum wenigsten alle wichtigen Regierungsfäden in der Hand der Hausfrau zusammenlaufen, wenn dagegen in der Person der Tochter eine geschickte, fleißige und im Hause selbst wurzelnde Arbeiterin da ist, welche die Arbeit der Tagelöhnerinnen entbehrlich macht und damit nicht allein das Wirtschaftsbudget wesentlich entlastet, sondern auch manche Übelstände aus dem Wege räumt, die von der Verwendung solcher an sich noch so ehrenwerten Arbeitsnomaden fast unzertrennlich sind* (ebd. 80). Und Mathilde Lammers schwärmt: *Segensreich für sie selbst und ihre Umgebung kann die häusliche Wirk-*

samkeit einer erwachsenen Tochter sein, segensreich in hohem Maße. Keine Fremde wird wie sie alle Interessen des Hauses und der Familie im Herzen tragen, alternde Eltern und betagte Hausgenossen pflegen, jüngeren Familienmitgliedern eine teilnehmende, hilfsbereite Freundin sein (ebd. 82). Also doch der bürgerliche Haushalt als Vorbereitung für die Ehe?

Kritisch klingt der Kommentar von Elisabeth Gnauck-Kühne aus dem Jahr 1895: *Vor der Maschinenära warteten häusliche Lehrjahre auf die erwachsenen Töchter unter Leitung der tätigen Mutter, die Arbeit war gegeben, jetzt fragt die verständige Mutter: Wie kann ich meine Töchter beschäftigen? Das Hauswesen bietet nicht in genügender Menge zweckmäßige Arbeit, an ihre Stelle treten vielfach dilettantische Kunstübungen* (Gnauck-Kühne, 1895, 9).

In der konkreten Praxis bewerteten auch junge Bürgerinnen ihre *segensreiche* Tätigkeit als erwachsene Haustochter häufig nüchtern. Als Margarethe von Endes Mutter eine Frühgeburt erlitt und sich schonen musste, übernahm die 16-Jährige das Regiment über die Dienstboten und den Haushalt. *Da unser Haushalt sich sehr regelmäßig und einfach abspielte, so scheint es mir wohl oder übel gelungen zu sein, der Sache Herr zu werden. […] Diese Zeit, in der ich nicht dazu kam, auch nur ein Buch anzurühren, geschweige denn mich irgendwie fortzubilden, ließ mich wohl die Kinderschuhe ausziehen, aber trotzdem blieb ich doch noch sehr unterentwickelt* (Friz, 2009, 51 f.), schreibt sie in der Rückschau. Hedwig Schleh wurde nach Ende der Schulzeit im Elternhaus mit Handarbeiten beschäftigt: *Noch sehe ich den hässlichen Teppich vor mir, an dem ich Tag für Tag, Stunde für Stunde arbeiten musste. Ich sehe die großen knalligen Blumen, die nach einem Muster abgestickt wurden. Der Füllgrund war weiße Wolle. Und während ich Stich für Stich zählte, sah ich immer nach der Uhr, horchte auf die Korridorglocke, ob nicht plötzlich jemand eintreten würde, mich fortholen – fort weit fort aus dieser grünen Plüschstube. […] Und ich fing an, über mein Schicksal zu grübeln. Musste denn das alles so sein, wie es war? […] Ich war doch wohlhabender Leute Kind! […] Warum musste ich heimlich, als wär's ein Verbrechen, lesen?* (Dohm, 1912, 76 f.).

Von meinen täglichen Beschäftigungen willst Du wissen, berichtet die zwanzigjährige Marie Witt an ihren späteren Ehemann Gustav Wegner. *Um neun Uhr ist gewöhnlich der Kaffeetisch abgeräumt. Montag oft noch Dienstag habe ich mit dem Ordnen und Ausbessern von Wäsche zu tun bis um 4 Uhr, wo wir essen. Nach dem Essen gehe ich gewöhnlich spazieren und den Abend habe ich zu meinem Vergnügen, wo ich zuweilen*

Klavier spiele oder auch ausgebeten bin. Oft muss ich den ganzen Tag mit Hans [der jüngere Bruder] *im Garten sein und kann dann nicht viel anfangen, denn der arme Junge muss dann auch beschäftigt werden. Jetzt wo es Hans besser geht, habe ich schon mehr Zeit, will wieder fleißig üben* (Bettin, 2003, 182). Allzu zufrieden klingt auch dieser Bericht nicht. Gingen noch weitere Lebensjahre vorbei, ohne dass sich eine Heirat abzeichnete, dann fand die eine oder andere ledige Dame auch zu Tätigkeiten, die im familiären Rahmen ausgeübt werden konnten und sogar Geld einbrachten. *Mein Artikel über Großmamas Goethe-Erinnerungen gefiel,* schreibt 25-jährig Lily von Kretschmann einer Freundin. Ein Mentor empfahl sie als Autorin an populäre Zeitschriften. *Und ich habe auf Monate, vielleicht auf Jahre hinaus zu tun, ohne dass der Eintritt in die Literatur mir irgendwie Schwierigkeiten gekostet hätte!* [...] *Auch sonst bin ich vom ‚Glück' begünstigt: Meine Brennarbeiten hat der Offiziersverein zum Verkauf angenommen, und meine Erfindung – die Vereinigung von Brennen und Malen auf Sammet und Tuch – hat eine Frauenzeitung geschildert und mich dabei als Verfertigerin empfohlen. Ich habe meinen Eltern infolgedessen das Taschengeld schon ‚kündigen' können, und dieser erste Schritt zur Selbstständigkeit ersetzt mir etwas den Mangel an seelischer und geistiger Befriedigung. Da ich den Eltern überdies durch Schneidern, Putzmachen und Gouvernantenspielen bei Ilse ein Mädchen für alles und ein Fräulein erspare, so kann ich mir einbilden, mich bereits selbst zu erhalten. Nur dass dies bloße Erhalten des Lebens vom Leben selbst weit entfernt ist* (Braun, 1985, 281).

Bild 1: Lily Braun (1865–1916), Sozialdemokratin und frauenbewegte Schriftstellerin.

Doch stets lauerte im Hintergrund die stumme oder ausgesprochene Frage, ob es „ihn" schon gäbe, den Zukünftigen. Selbst in geselliger Freizeit sollte die junge Dame nicht vergessen, dass sie sich in einer Art Warteschlange befand. Symptomatisch ist eine Anekdote aus den

1860er Jahren, die Hedwig Heyl, geborene Crüsemann, in ihren Erinnerungen erzählt: *Zum Schluss einer Jagd, an der Bismarck teilnahm, gingen lebende Bilder in Szene, der schon damals gefeierte Graf rief nach dem Bilde auf die Bühne: ‚Lotte soll mal herkommen.' Ich musste folgen und mich neben den großen mächtigen Mann setzen, der sich interessiert nach meiner Herkunft erkundigte* [...] *und überhaupt die Galanterie selbst war. Zum Schluss hörte ich – wie er gesagt haben soll – ‚Crüsemann heißt Lotte – na ich möchte lieber sagen: Kriegt en Mann'* (Heyl, 1925, 6). Lily von Kretschmann schreibt einer Freundin: *Ich sehe dich heimlich lächeln. ‚Ihr fehlt einmal wieder der Mann', sagst Du.* [...] *Besinnst Du Dich auf Vetter Fritz in Brandburg?* [...] *Mit Blumen und Blicken wirbt er um mich, und seine Treue rührt mich oft so, dass ich mich frage, ob es nicht das Beste wäre, sein Frau zu werden. Dann hätte die liebe Seele Ruhe, und allen Ambitionen und Befreiungsgelüsten wäre ein für allemal ein Riegel vorgeschoben. Die gesamte Familie unterstützt natürlich im Stillen die Sache, und das reizt mich zum Widerspruch* (Braun, 1985, 281). Und Anna Pappritz räsoniert: *Ich gehörte ja noch einer Generation von jungen Mädchen an, die von ihren Müttern so recht eigentlich ‚auf den Mann dressiert wurden', unsere ganze Erziehung wurde darauf gerichtet, dem Mann zu gefallen. ‚Du wirst nie einen Mann reizen, war der Schlusseffekt jeder Moralpredigt und mit Moralpredigten wurden wir damals wirklich versehen* (Pappritz, 1908, 15 f.).

Was aber tun, wenn die Unzufriedenheit zu groß wurde? *Mit sechzehn Jahren verließ ich die Schule; ein Jahr sollte ich noch zu Hause bleiben und mich in Haushalt und Wirtschaft umsehen,* erinnert sich Franziska Tiburtius. *Ich war ein Schiff, das zur Abfahrt im Hafen liegt und auf den Windstoß wartet, der es hinaus und in die Welt führt* (Tiburtius, 1929, 47).

Dem weiblichen Wesen gemäße Berufsbilder als Zwischenlösung

Guter Rat war teuer, wenn das Einkommen der Familie es nicht ermöglichte, die erwachsenen Töchter bis zur erhofften Heirat in der Familie zu unterhalten oder die Unzufriedenheit der Töchter mit deren Lebensalter stieg. Die einzigen Berufe, die für ein Bürgermädchen schicklich schienen, stellten die Gesellschafterin, die Gouvernante, die Erzieherin oder Hauslehrerin dar. Gouvernanten und Gesellschafterinnen wechselten quasi von der eigenen in eine fremde Familie und unternahmen dort – zwischen eigentlichem Personal und den Familienangehörigen stehend – familiennahe weibliche Aufgaben. Für Töchter des Großbürgertums kam eine solche „mindere" Stellung eigentlich nicht in Frage. Waren die finanziellen Verhältnisse enger, fand man sich leichter damit ab, dass sich die Töchter in fremde Haushalte als bezahlte Kräfte integrierten. Einer besonderen Ausbildung bedurfte die Gouvernante, Erzieherin oder Gesellschafterin nicht. Ihre Herkunft aus einer entsprechend situierten bürgerlichen Familie diente als Beleg für ihre gute Erziehung und ihren notwendigen Wissensstand. Die spätere Ärztin Franziska Tiburtius beispielsweise hatte nach dem üblichen Unterricht durch eine Erzieherin bis zum 16. Lebensjahr eine private Mädchenschule besucht und zusätzlich über einen Privatlehrer das Englische erlernt. Danach sollte sie sich ein Jahr im mütterlichen Haushalt üben. Mit 17 Jahren trat sie schließlich in einem adeligen Haushalt ihre erste Stellung als Erzieherin an, eine Stellung die ihr ein mit der eigenen Familie befreundeter Pfarrer vermittelt hatte. Mit solidem Halbwissen galt es nun, eine Reihe von Kindern mit Grundschulstoff zu versehen. Spürbar war stets die Beobachtung und Kontrolle des Hausherrn – *feingliedrig und gewandt, formvollendet bis zur äußersten Glätte, in der Begrüßung höflich, mit ganz leichter, aber für mein ungeschultes Verständnis fühlbarer Abtönung von Herablassung.* [...] *Um den Tisch die Kinder* [...] *Sie mochten denken: ‚Wie lange wir die wohl hier haben?'* (Tiburtius, 1929, 48). *Nur selten bin ich während meiner Gouvernantenzeit bewusster Unfreundlichkeit begegnet*, erinnert sich später Franziska Tiburtius, *aber die unsichtbare Schranke war überall fühlbar* (ebd. 51).

Die Statusunsicherheit der Erzieherinnen und Hauslehrerinnen blieb im Kaiserreich erhalten, auch wenn sich das Ausbildungsniveau der Privatlehrerinnen allmählich erhöhte. Wie schwierig so ein Arbeitsverhältnis dennoch blieb, vermittelt anschaulich ein Ratgeber für private Erziehungskräfte, den die Seminarlehrerin Mathilde Lammers 1884 publizierte: *Die Lehrerin, als selbstständiges erwerbendes weibliches Wesen, hat die Grundlagen verlassen, nach welchen sonst die Gesellschaft den Rang ihrer Geschlechtsgenossinnen bemisst. Man stellt sie nicht mehr als Tochter ihres Vaters und nicht als Frau irgendeines Mannes hin. Statt dass also, wie bei den nicht erwerbenden Frauen, ihr Platz in der Welt und in der engeren Gemeinschaft, der sie angehört, durch Geburt und Heirat bestimmt wird, bleibt bei ihr nur der dehnbare Maßstab der Bildung übrig. Sie kann und muss auf alle Fälle beanspruchen, wie eine gebildete Frau gestellt und behandelt zu werden*, so der nahezu beschwörend klingende

Versuch, eine auf Bildung beruhende Würde der Privatlehrerin zu konstruieren. *Aber im Übrigen gibt es in der Rangordnung des häuslichen und des gesellschaftlichen Lebens keinen ein für allemal bestimmt umgrenzten Platz, auf den sie gehörte. Sie ist von den Hauseltern abhängig und soll doch für die Kinder die nächst höchste Autorität sein. Sie steht in einem Lohnverhältnis und ist doch kein Dienstbote, ist aber auch den Dienstboten gegenüber nicht schlechthin Herrschaft. Sie teilt das häusliche Leben und ist doch eine Fremde, sie ist eine Fremde und doch kein Gast. So angenehm, so wahrhaft herzerquicklich sich trotz dieser schwankenden Grenzmarken die Stellung vieler Erzieherinnen in den Familien gestaltet, denen sie ihre Arbeit widmen: von Haus aus ist diese Stellung eine isolierte und eine schwankende. Ob sie mehr als Respektperson oder als abhängig Gestellte, als Gast oder als Hausgenossin behandelt wird, das kommt auf die regierenden Mächte des Hauses, auf die Landessitte und auf ihre Persönlichkeit an. Viel leisten und nicht allzu viel verlangen, Entgegenkommen ohne Aufdringlichkeit, Zurückhaltung ohne Schroffheit: das sind ein paar gute allgemeine Vorschriften, zu deren Anwendung im einzelnen Fall aber noch jene unschätzbare Eigenschaft kommen muss, welche in allen Lebensverhältnissen die Härten ausgleicht und die Zusammenstöße verhindert: feiner Takt, und was noch über den Takt geht: warme, aufrichtige und demütige Menschenliebe* (Lammers, 1884, 57 f.).

Jenseits solcher Überlegungen zur Statusunsicherheit der privaten Erzieherinnen und Hauslehrerinnen bot gerade die Herkunft aus gehobenem bürgerlichen oder gar adeligem Hause die Gewähr dafür, in einem standesgemäßen Haushalt Anstellung zu finden. So konnte die Staatsanwaltstochter Elisabeth Kühne 1868 nach Abschluss des Lehrerinnenseminars ohne Probleme eine Anstellung als Erzieherin bei einer reichen deutsch-amerikanischen Bankiersfamilie antreten, mit der sie in Paris und London lebte. Als die Familie nach Amerika zurückzog, sorgten der Direktor des Lehrerinnenseminars und die Eltern für eine Anstellung bei einem sächsischen Großindustriellen. Auch Clara Eißner, geboren 1857, später unter dem Namen ihres Lebensgefährten Zetkin bekannt, konnte einen bildungsbürgerlichen familiären Hintergrund und einen Abschluss im renommierten Lehrerinnenseminar Auguste Schmidts in Leipzig vorweisen. Nach ihrem Abschluss erhielt sie sofort eine Anstellung in einem Leipziger Fabrikantenhaushalt.

In England hatte es die deutsche Gouvernante Königin Victorias sogar zu einem Adelstitel gebracht. Der Königin nacheifernd, bemühten sich viele englische adelige und bürgerliche Haushalte um eine deutsche Hauslehrerin. Ein 1876 in London gegründeter „Verein deutscher

Lehrerinnen in England“ sah seine Hauptaufgabe darin, an qualifizierte deutsche Hauslehrerinnen Stellen zu vermitteln. Margarethe von Ende, ausgestattet mit Empfehlungsschreiben von ihrer mütterlichen Freundin, der Großfabrikantenehefrau Bertha Krupp und der Baronin von der Leyen, gelang es leicht, trotz fehlendem Lehrerinnenexamen eine Anstellung im Haushalt des britischen Generals Mackenzie zu ergattern. Nach einem Jahr ging es als Erzieherin der elfjährigen Prinzessin Alexandra von Anhalt in einen hochadeligen Haushalt.

Der Himmel auf Erden

Partnerwahl

Ehen werden im Himmel geschlossen, sagt ein altes deutsches Sprichwort, das manchmal sehr tröstlich und manchmal sehr ironisch klingt. […] Mag von diesem heilsamen Grundsatz in der Praxis noch so oft abgewichen werden; mögen die Heiratsgesuche, von denen die Zeitungen wimmeln, noch so laut verkünden, dass bei einem großen Teil unseres Volkes die Eheschließung nichts mehr als ein Geschäft ist, das man versucht so einträglich wie möglich zu machen: in dem einzelnen Falle bemüht man sich doch noch immer die Fiktion aufrecht zu erhalten, dass die Liebe die Stifterin des Bundes gewesen ist, und beweist eben damit, dass unser Volksleben ohne die solcher Fiktion zu Grunde liegende Sitte seinen Charakter verleugnen würde (Lammers, 1877, 84).

Mathilde Lammers 1877 verfasster Ratgeber zeugt in Sachen Partnerwahl von einem gewissen Dilemma, in dem sich die Autorin befand. Einerseits plädierte sie für die Liebesehe, andererseits war sie sich durchaus bewusst, dass nicht selten andere Gesichtspunkte zumindest dazu traten, wenn es um die Wahl des passenden Partners ging. Als unabdingbar galt, dass der Heiratskandidat in der Lage war, seine Frau und die zukünftigen Kinder standesgemäß zu ernähren. Für Männer mit akademischem Studium und entsprechenden Laufbahnen bedeutete dies, dass eine Familiengründung in der Regel erst im vierten Lebensjahrzehnt möglich war. Auch Angehörige des Wirtschaftsbürgertums, die in Familienunternehmungen eingebunden waren, erreichten nur selten vor den Dreißigern die ökonomische Selbstständigkeit, die von ihnen als Heiratsvoraussetzung erwartet wurde. Meistens waren die erwählten Ehefrauen sehr viel jünger, oft Anfang zwanzig. Marie Witt, Tochter eines Gutsbesitzers und preußischen Abgeordneten, beispielsweise lernte 17-jährig ihren späteren Ehemann Gustav Wegner kennen. Die Werbung des 26-jährigen Sohnes eines Regierungspräsidenten blieb vorerst ohne Erfolg. Erst viereinhalb Jahre später, nachdem es Gustav zu einer festen Beamtenstellung als Regierungsrat gebracht hatte, konnte die brieflich aufrecht erhaltende Beziehung und heimliche Verlobung zu einer öffentlichen Verlobung und anschließenden Heirat führen. Auch Margarethe von Ende lernte 17/18-jährig den gleichaltrigen Unternehmersohn Friedrich Alfred Krupp beim Antrittsbesuch ihres Vaters, des neuen Regierungspräsidenten, auf der Villa Hügel kennen. Rund drei Jahre später begann der Krupp-Erbe vorsichtig um sie zu werben. Bis sein Vater 1882 die Zustimmung zur Heirat erteilte, vergingen weitere sieben Jahre.

Soviel Eigeninitiative und Durchhaltevermögen besaßen Bürgermädchen eher selten. Wohlbehütet und bewacht von der Familie waren die Möglichkeiten junger Bürgerinnen, den Wunschpartner zu finden, eng begrenzt. Handelte es sich deshalb zumeist um gestiftete Ehen? Sicherlich, doch nicht immer bedeutete dies, dass junge Bürgermädchen mehr oder weniger unfreiwillig den Vorstellungen der Eltern Folge leisten mussten. Häufig verlief der familiäre Nachdruck subtiler. Der private Verkehr in gesellschaftlich gleichgestellten Häusern schuf manche Gelegenheit, passende Partner kennenzulernen. Geselligkeit im erweiterten Bürgerkreis, die Teilnahme an entsprechenden Festlichkeiten und kulturellen Events bereiteten sorgfältig überwachte Möglichkeiten, heiratsfähige Töchter der bürgerlichen Gesellschaft zu präsentieren. Ins Elternhaus kamen mitunter die späteren Ehemänner als Studenten oder junge Akademiker, die ihr Einkommen als Hauslehrer verbesserten. Auf diese Weise lernte Hedwig Schleh ihren späteren Ehemann kennen. Der schlecht bezahlte Redakteur des „Kladderadatsch" gab als Privatlehrer Spanischunterricht. Beliebt war der Aufenthalt von Müttern und ihren heiratsfähigen Töchtern in Kurbädern. Hier sorgten schon die hohen Kosten dafür, dass man unter sich blieb und trotzdem in weniger von Zeremoniell und Etikette geprägter Urlaubsstimmung informell einander näher kommen konnte.

Als männliches Mitglied gehobener Kreise konnte man auch die gastliche Vermittlung der einen oder anderen „Saloniere" nutzen, um ein von Ferne angebetetes Fräulein kennenlernen zu können. Thomas Mann beispielsweise erbat sich die Unterstützung des Ehepaar Bernstein – *es war ein kultivierter, intellektueller Salon, den Elsa Bernstein führte* –, um Katia Pringsheim treffen zu können. *Darauf wandte sie sich an meine Eltern: sie möchte doch die Katia einmal einladen – ohne böse Hintergedanken. Nun hatten Bernsteins aber auch Thomas Mann eingeladen und uns geschickt nebeneinandergesetzt. Das war sehr nett. Frau Bernstein* […] *lud uns auch fleißig wieder zusammen ein, und von da ab kannten wir uns gut, und die Sache gedieh so weit* (Mann, 1974, 23).

Was und wen es alles zu berücksichtigen galt, wenn die Angebetete einem gesellschaftlich oder wirtschaftlich bedeutendem Haus entstammte, zeigt die Werbungsphase Gustavs von Bohlen und Halbach um die zwanzigjährige Krupp-Erbin Bertha. Dem 34-jährigen Legationssekretär der königlich preußischen Gesandtschaft am Vatikan war im Frühling 1906 die Aufgabe übertragen worden, Frau Margarethe Krupp und Töchter durch die Vatikanischen Gärten zu führen. Ein scheuer Flirt zwischen Gustav und Bertha veranlasste die Mutter, den preußischen Juristen im diplomatischen Dienst näher über seine Familie und seinen Berufsweg zu befragen. Von seinen Informationen angetan, erlaubte sie ihm, die Familie am nächsten Tag zu besuchen. *Überwacht von Margas mütterlichen Augen, wirbt Gustav um Bertha. Vier märchenhafte Wochen verbringen sie gemeinsam und lernen sich kennen und lieben. Dann bittet Gustav Margarethe um Berthas Hand, und sie stimmt zu* (Friz, 2009, 400). Die Aktivitäten, die die Werbephase begleiteten, hat die Biografin und Enkelin Margarethes, Diana Maria Friz, anschaulich geschildert: Natürlich ist Margarethe Krupp *nicht untätig gewesen angesichts der sich anbahnenden jungen Liebe. Briefe und Depeschen kreuzen die Alpen, auch Telefongespräche finden statt. Das Direktorium sondiert in Berlin, ob eine solche Verbindung das kaiserliche Wohlgefallen finden würde. Marga setzt sich in Verbindung mit Großherzogin Louise von Baden und erkundigt sich über Gustavs Familie. Margas Fragen beantwortet Louise mit positiven Auskünften über den zukünftigen Bräutigam. Auch Berlin stimmt der Verbindung zu, und das Direktorium sieht ebenfalls nur Vorteile in einem zukünftigen Konzernherrn, der in allerbesten Beziehungen steht mit ihrem Hauptkunden, dem deutschen Kaiserreich* (ebd. 400). Wenige Wochen später verlobte sich das Paar offiziell, im Herbst fand die Hochzeit statt.

Die autobiografischen Berichte junger Bürgermädchen über das erste scheue Kennenlernen fallen meistens recht karg aus. Über eigene Hoffnungen, Erwartungen an den zukünftigen Partner, den man nur unter familiärer Aufsicht ein wenig kennenlernen konnte, schweigen sie sich in der Regel aus. Das autobiografisch Beschwiegene lässt sich in den Novellen und Romanen erahnen, die zeitgenössische Bürgerinnen verfassten. *Als ich noch sehr jung war, bewarb sich ein junger Beamter, der im Büro meines Vaters arbeitete, um mich*, lässt Hedwig Dohm die Heldin einer Novelle berichten. *Meine Eltern meinten, er wäre tüchtig und rechtschaffen und den Ansprüchen, die ein einfaches, mittelloses Mädchen machen könne, angemessen. Er gefiel mir, eine Verlobung gefiel mir noch mehr. Was mich aber unwiderstehlich lockte, war die Vorstellung von dem weißen Atlaskleid mit der Schleppe, von dem Myrthenkranz und dem Schleier. Die Ehe lag noch in weiter Ferne. Was sie sei, und was sie für Anforderungen an das Weib stelle, danach fragte ich nicht, und niemand belehrte mich darüber* (Dohm, 1894, 16).

Dass trotz aller Einschränkungen auch manche Liebesehe zustande kommen konnte, belegt nicht nur die Anekdote um Bertha Krupp. Auch die Erinnerungen Hedwig Heyls zeugen von rasch entstehender Zuneigung im überwachten familiären Raum. Bei einem Kuraufenthalt mit der Mutter in Schlangenbad erregte sie die Aufmerksamkeit eines jungen Berliner Fabrikanten, der mit Zustimmung der Mutter um sie zu werben begann. *Selige Tage des gegenseitigen Entdeckens, Prüfens und harmonisch zusammenklingender Saiten unserer Herzen und Seelen ließ uns die Gefahren solcher Neigung ganz übersehen* (Heyl, 1925, 10). Ordnung stellten alsbald die herbeieilenden Väter her, die der Verbindung ihren Segen gaben.

Eheliche Gemeinschaften

Das Weib, das den heiligen Bund geschlossen hat, meine nicht die Liebe des Gatten bereits in einer für alle Zeit gleichbleibenden Form zu besitzen, sondern sei darauf bedacht, sie täglich auf Neue durch die eigene tiefe, zarte, opferwillige, helfende und dienende Liebe zu erringen. Und sie betrachte es endlich als ihre erste Pflicht und als ihr schönstes Vorrecht, die Lebensinteressen ihres Gatten zu den ihrigen zu machen (Lammers, 1877, 92). Wohlbehütete bürgerliche Töchter, die kaum Gelegenheit hatten, ihren zukünftigen Mann näher kennenzulernen, sahen sich nach der Heirat plötzlich mit einem Eheleben konfrontiert, auf das sie lediglich in hauswirtschaftlichem Sinn vorbereitet waren. Mathilde Lammers warnte in ihrem Ratgeber vor allzu vielen Erwartungen an eine romantische Liebesbeziehung auch nach der Heirat. Doch welche Phantasien hatten junge Bürgerinnen tatsächlich in Erwartung des ersehnten Ehestandes? Orientierten sie sich an den Gepflogenheiten in ihren Elternhäusern? Wir wissen wenig über ihre Erfahrungen als junge Ehefrauen. Doch zwei Themenkreise durchziehen die Erinnerungen von Bürgerinnen: viel und vieldeutig beschrieben die Richtlinienkompetenz des Ehemannes in allen familiären Bereichen, mehr angedeutet oder indirekt erwähnt das Thema der ehelichen Sexualität.

Junge Frauen taten sich in der Regel leicht damit, dass die väterliche Autorität nun von der des Ehegatten abgelöst werden sollte. *Doch das Weib soll dem Manne gehorchen und nicht umgekehrt, darum will ich mir Mühe geben Deine Liebhabereien gern zu blicken. Welche Wonne scheint es mir, Dich meinen Herrn zu nennen, Dir alles zu opfern. Stolz bin ich, aber Dir gegenüber komme ich mir immer so klein vor,* schreibt die 18-jährige Marie Witt 1877 an ihren späteren Ehemann Gustav Wegner. Acht Monate später teilt sie ihm mit: *Du bist mein Herr und ich werde dir gehorchen bis in alle Ewigkeit (und nur manchmal rebellieren).* Und in einem Brief der 19-Jährigen ist zu lesen: *Wir alle haben Fehler mein Liebling und werden sie stets haben und Du musst ja nicht glauben, dass aus mir einmal ein vollkommenes Wesen werden kann.* [...] *Doch das vermagst Du nicht, mich ganz Deinem Willen unterzuordnen.* Mit steigendem Alter mochte der Reiz der liebenden Unterwerfung noch weiter verfliegen. Zwanzigjährig teilt Marie Witt ihrem Freund mit: *Also Du findest es lächerlich, wenn eine Frau von Politik spricht. Ach Gott, Du wirst vielleicht noch vieles bei mir lächerlich finden.* Im Brief der 22-Jährigen ein halbes Jahr vor ihrer offiziellen Verlobung und eineinhalb Jahre vor ihrer Heirat ist zu lesen: *Ich sehne mich so darauf mit jemandem ein reges und geistiges Leben zu führen* (Bettin, 2003, 178–181).

Wie partnerschaftlich der Ehealltag dann tatsächlich ausgestaltet werden konnte, unterlag vielfältigen individuellen Faktoren. Selbstverständlich war eine Beziehung ebenbürtiger Partner auf Augenhöhe jedoch keinesfalls.

Heikel war das Thema Sexualität. In der Regel besaßen Bürgermädchen keinerlei oder zumindest nur rudimentäre Kenntnisse rund um die Problembereiche körperliche Liebe, Schwangerschaft oder gar Schwangerschaftsverhütung. Selbst die freisinnige und „aufmüpfige" Hedwig Dohm plädierte zwar dafür, *dass das junge Mädchen, bevor sie in die Ehe tritt, die physischen Vorgänge des Liebeslebens kennen muss* (Dohm, 1903, 154). Sie hält aber dann doch den Befruchtungsvorgang am Beispiel der Blumen für das geeignete *zartsinnige* Anschauungsmaterial. Anna Pappritz beispielsweise fing sich in der Kindheit eine Ohrfeige ihrer Mutter ein, weil sie das Wort *Hosen* ausgesprochen hatte. Völlig schockiert nimmt sie 19-jährig bei einem Aufenthalt in einer Frauenklinik zur Kenntnis, wie viele Ehefrauen sich über den Verkehr mit ihren Männern an Geschlechtskrankheiten ansteckten, die ihre Ehemänner außerehelich „erworben" hatten. Im Denken der Zeit hatte akzeptierte Sexualität im Rahmen der Ehe stattzufinden. Darauf, dass junge Bürgerinnen keine vorehelichen Erfahrungen machten, achteten die Eltern. Masturbation war tabuisiert und galt als Sünde. Selbst das Reden über Sexualität war einem gut erzogenen Bürgermädchen unmöglich. Jungen Männern sah man eher oder sogar gerne nach, wenn sie voreheliche Erfahrungen etwa mit Dienstmädchen oder Prostituierten sammelten, denn das männliche Geschlecht galt als sexuell aktiv. Frauen dagegen haftete der Ruf an, sexuell passiv und hinnehmend zu sein. *Unsere Literatur lässt uns ebenso furchtbare Ehetragödien erleben, in denen wir die Frau, ohne Verständnis für das wahre Wesen der Liebe vertrauensselig und befangen in romanhaften Vorstellungen, von den Erlebnissen der Ehe in sinnlose Bestürzung versetzt sehen. Niemand hat sie auf die großen Rätsel des Menschenlebens vorbereitet, niemand hat ihr von den Verheerungen der Leidenschaft erzählt* [...], formuliert reichlich verklausuliert die Frauenrechtlerin Ika Freudenberg in einem Aufsatz über „Moderne Sittlichkeitsprobleme" (Freudenberg, 1909, 15). *Lass deinen Mann machen, was er will. Du ertrage alles, schließe die Augen und denk an etwas Schönes* (Friz 2009, 123), lautete dagegen ein typischer pragmatischer mütterlicher Ratschlag vor der Hochzeitnacht, den auch die Mutter Margarethe Krupps an ihre Tochter weitergab. Diese soll dann nach vollbrachter ehelicher Pflicht gedacht haben: *Eigentlich ist es gar nicht so schlimm* [...] *eigentlich schön ist es auch nicht* (ebd.). Fünf Jahre später pflegte Friedrich Alfred Krupp getrennt von seiner Frau zu schlafen, die eheliche Liebe in ihrer sexuellen Variante hatte sich erledigt.

Für ein Sexualleben von Mann und Weib, das zugleich der Natur und der Sittlichkeit Rechnung trägt, ist die Lösung noch nicht gefunden. Wir treten eben erst in die Zeitepoche ein, die sie sucht, schreibt Hedwig Dohm 1911 kampfeslustig, und weiter: *Der Durchschnittsmann verlangte und verlangt auch heut noch von seiner Frau nicht mehr als eine tüchtige Haushälterin und eine bereite und willige Liebesgenossin.* [...] *So lange es heißt: Der Mann will und die Frau soll, oder, wie Nietzsche es ausdrückt: ‚Das Glück des Mannes heißt: ich will, das Glück des Weibes, er will' (der Idealethiker Johannes Müller verspricht der Frau in der bedingungslosen Unterwerfung eine berauschende Wollust), so lange ist Frauentum innig verwandt mit Chinesentum, und wir leben nicht in einem Rechts-, sondern in einem Gewaltstaat* (Dohm, 1911, 241).

Letztlich war mit der Frage ehelicher Sexualität auch das Problem der Familienplanung verbunden. In gut situierten Familien gab es keine ökonomischen Gründe, die Zahl der Kinder zu beschränken. Anders sah es häufig in bildungsbürgerlichen Familien aus. Hier sorgten nicht selten das beschränkte Einkommen und die hohen zukünftigen Ausbildungskosten der Söhne für eheliche Enthaltsamkeit. *In der ersten Zeit unserer Ehe war ich weniger heiter und zufrieden als im Brautstand*, legt Hedwig Dohm ihrer Novellenfigur in den Mund. *Ich hatte auch Eduard weniger lieb. Ich bin wohl kalt und scheu von Natur, und mein innerstes Wesen sträubte sich gegen Vieles, was zur Ehe gehört. Als ich ihm zwei Kinder geboren, sah Eduard ein, dass für einen noch größeren Zuwachs der Familie sein Gehalt nicht ausreichen würde. Und von da an lebten wir friedlich und gut mit einander, in einer wolkenlosen Ehe, die dreiunddreißig Jahre währte* (Dohm, 1894, 17). Dabei war „man" sich unausgesprochen einig, dass ein sexuell aktiver Mann anderweitig Ausgleich für die eheliche Enthaltsamkeit oder das Erkalten der ehelichen Gefühle benötigte. *Freilich er meint es nicht böse mit seinen kleinen Liderlichkeiten. Wie er die Varieté-Theater oder irgendeine Sehenswürdigkeit im Panoptikum besucht, so verkehrt er mit einigen lustigen Dämchen, um sich bequem zu amüsieren. Es gehört eben dazu. Er würde einfach lachen, wollte man das Wort Ehebruch auf seine erotischen Späßchen anwenden. Ich tu' es ja auch nicht* (Dohm, 1896, 87). Solchermaßen äußert sich die Heldin des Romans Sibilla Dalmar, den Hedwig Dohm verfasste. Den Biografinnen Hedwig Dohms zufolge hat diese viele Erfahrungen ihrer Tochter in der Münchner Gesellschaft in diesem Roman verarbeitet. Tatsächlich ist von ihrer Tochter Hedwig Pringsheim (geb. 1855) bekannt, dass sie die amourösen Abenteuer ihres Mannes nicht nur übersah oder duldete, sondern seine langjährige Geliebte sogar in das Familienleben einband. Der *furchtbar süße kleine Mann ist ein rechter Mummelkreis geworden, aber gesund dabei, frisch und immer verliebt*, schreibt sie 63-jährig an eine Freundin. *So Männer haben's gut, die dürfen ja immer* (Wiedemann, 1985, 36). Ähnlich locker sahen die Eskapaden des Ehemannes nicht alle Bürgerinnen. Elisabeth Gnauck-Kühne beispielsweise ging 1888 erst in einem Alter von 38 Jahren eine Ehe mit dem Nervenarzt Rudolph Gnauck ein. Die Verbindung war wenige Monate später bereits zerrüttet. 1890 erfolgte die Scheidung, ein Schritt, mit dem in der Regel die gesellschaftliche Ächtung der Ehefrau einherging. Zwar entging die Begründerin der evangelischen und später der katholischen Frauenbewegung diesem Schicksal, doch das Eheintermezzo stürzte sie in eine tiefe Lebenskrise. Sie selbst hat sich nur verklausuliert über das rasche Scheitern der Ehe geäußert. Der hoch verschuldete Ehemann hatte wohl allzu direkt auf das Vermögen seiner Frau Anspruch erhoben. Dass eine Frau ihrem Mann allzeit zu gehorchen hatte, war der selbstbewussten Pensionatsleiterin vermutlich auch nicht mehr beizubringen. Aber es scheint vor allem die Sexualmoral Gnaucks gewesen zu sein, die den Widerwillen und die Empörung seiner Frau hervorrief. Helene Simon, ihre Biografin, erzählt eine Anekdote aus dem Hause Gnauck-Kühne: *Ein junges Dienstmädchen stürzt weinend in das Zimmer ihrer Herrin und bittet sie um Schutz vor den Nachstellungen des Kutschers. Die Frau wendet sich an den Hausherrn, und dieser: ‚Das alberne Mädchen soll sich nicht haben, wenn der Mann […]! Wozu ist es denn da?' Die Frau traut ihren Ohren nicht, sie klagt der Schwester ihres Mannes, was vorgefallen sei*, und diese antwortet in großzügiger Auslegung von Luthers Worten über Frauen, die sich ihren Ehemännern verweigern: *,Ja weißt Du denn nicht, dass wir Lutheraner sind, lies nur Luthers Rede über die Ehe, die Magd ist dazu da'* (Simon, 1928, 35).

Ehelicher Alltag – die Gattin an seiner Seite

Wo geistig lebendige Frauen und Männer zusammenkommen und sich als Menschen fühlen, beginnt deshalb sofort ein lebhaftes Herüber- und Hinüberströmen des inneren Lebens, eine wohlige Berührung der eigenartigen Persönlichkeiten und ein erquickender Austausch, der etwas ungemein Befriedigendes hat (Müller, 1903, 27). Solchermaßen begeistert, wenn auch wenig konkret, schwärmt Johannes Müller in einem an Frauen gerichteten Ratgeber kurz nach der Wende zum 20. Jahrhundert über das eheliche Zusammenleben von Mann und Frau. Er weiß aber auch, dass die Frau für ihr geistiges Leben des Mannes bedarf. *Denn ihr ganzes unmittelbares Gefühlsleben bedarf der geistigen Befruchtung durch den Mann, um klare ihr fassbare Gestalt zu gewinnen und für ihre Erkenntnis in Erscheinung zu treten. Sie bedarf der Orientierung, Leitung und umsichtigen Vermittlung in ihrer Empfindungswelt durch männlichen Geist* (ebd. 28). Die eigentliche Aufgabe der Frau ist es Müller zufolge dann auch, *dem Manne den Rückhalt und den unerschöpflichen Kräftefonds für den Kampf ums Dasein durch das geordnete liebevolle Heim zu schaffen* (ebd. 32). Dabei liegt es in der weiblichen Natur begründet, *dass die Frau, wenn sie liebt, beherrscht sein will*, da ist sich Müller sicher (ebd. 39). Die weibliche Orientierung am männlichen Ehe-Helden stellt sich der Autor nicht als *knechtische Untertänigkeit* vor; auch wo die Jugend der Frauen den erzieherischen Einfluss des Mannes verlange, ginge es eigentlich eher um das Verhältnis zu einem älteren Freund, *dessen Einfluss ja auch junge Männer immer als ein besonderes Glück für ihr Leben betrachten und suchen* (ebd. 44). Fazit: *Der Mann ist der Stamm und Halt der Ehe, an den sich die Frau anlehnt. Er hält das Steuer und führt das Leben. Er schafft das Haus und schirmt die Welt, in der die Frau waltet* (ebd. 44 f.). Soweit die Theorie, aber Johannes Müller weiß auch: 70 % der Ehen gelten als unglücklich. *Meist folgt auf einen kurzen Liebesrausch graue Ernüchterung und die Empfindung, einander fremd zu sein. Das Interesse für einander erschlafft, das Streben, sich gegenseitig anzuziehen und etwas zu sein, erlahmt, die nervöse Reizbarkeit und Abspannung tritt ein. Man gewöhnt sich, nebeneinander herzulaufen* (ebd. 52). Abhilfe erhofft sich der Autor durch die Frauen. Wenn Sie ihre eigentlichen Aufgaben – Haushalt und Mutterschaft – wieder engagiert übernähmen, würden sich die ehelichen Probleme schon lösen. Aber auch das männliche Geschlecht müsse seine Hausaufgaben machen: *Wo sind die starken Männer, von denen abhängig zu sein, tiefes Naturbedürfnis und Glück der Frauen wäre!* (ebd. 59), so der Stoßseufzer Müllers.

Darüber, wie sich die ehelichen Beziehungen im Alltag in bürgerlichen Häusern tatsächlich ausgestalteten, haben sich Bürgerinnen selten geäußert. Vieles muss aus den Berichten über die eigene Lebensführung indirekt erschlossen werden. Zwar waren Frauen- und Männeraufgaben klar definiert, doch das bedeutete nicht, dass das Arbeitsleben des Mannes gänzlich außer Haus stattfand. Im Gegenteil: Besaß der Familienvorstand ein Arbeitszimmer in der Privatwohnung, dann konnten sich Berufs- und Familienleben, der Empfang von Besuchern aus der Berufsumfeld mit Verwandtenbesuchen und privater Geselligkeit vermischen. Nicht selten waren bei Selbstständigen die Wohnräume in enger Nähe zu den Geschäftslokalen untergebracht. Üblich war, dass auch außerhalb der Privatwohnung arbeitende Beamte das Mittagessen gemeinsam mit Frau und Kindern zuhause einnahmen. Wie sehr der Herr des Hauses seine Frau in die Berufsgeschäfte mit einbezog, war individuell sehr unterschiedlich. *Die Aufgaben, die nach dem Tod seines Vaters an meinen Mann herantraten*, erinnert sich Margarethe Krupp, *nahmen ihn nach jeder Richtung derart in Anspruch und lasteten, gerade wegen seines großen Pflicht- und Verantwortungsgefühls so schwer auf ihm, dass mir als meine Hauptpflicht bald klar wurde, persönlich keine Ansprüche an ihn zu machen und dafür zu sorgen, dass er von Allem, was die Häuslichkeit und Familie betraf, nicht belästigt wurde. Dass es mir leicht geworden wäre, als Frau mich derart auszuschalten und mich im Leben meines Mannes so in den Hintergrund gerückt zu sehen, kann ich nicht behaupten. Andererseits gab es mir aber doch große Befriedigung zu fühlen, dass ich gerade durch mein persönliches Verzichten viel dazu beitrug, meinem Mann die Last seines Lebens zu erleichtern und auf alle Fälle nicht zu erschweren* (Friz, 2009, 211). Hedwig Heyl dagegen berichtet voll Stolz von den gemeinsamen Gesprächen über das Wohl des Unternehmens und ihren Einfluss auf den Ehemann. *Meine Erziehung zur Pünktlichkeit und Ordnung, Sorgfältigkeit in finanzieller Beziehung färbte zu meiner Freude bald auf meinen jungen Gatten ab – der bisher in ziemlicher Sorglosigkeit gewirt-*

schaftet hatte, erzählt sie über die ersten Ehejahre. *Oftmals besprach mein Mann die chemischen Prozesse mit mir, und ich gewann ein immer tieferes Interesse daran*, und sie dankt ihm in der Erinnerung, *dass er seine Frau nicht von den Geschäften isoliert hatte, und mir dadurch Personalkenntnis und die großen Züge der Leitung der Fabrik gegenwärtig waren* (Heyl, 1925, 15, 51). Hedwig Heyl lebte nach eigenem Verständnis eine zutiefst partnerschaftliche Verbindung mit ihrem Ehemann. *An den Kämpfen und täglichen Erlebnissen wuchs das Einfühlen ineinander, wuchs die Energie des Mannes, die Hellsichtigkeit der Frau. Das Verständnis für die gegenseitigen Auffassungen, die Achtung vor einander – zeigte, dass mein Vater Recht hatte, als er mich auf Spaziergängen über geschäftliche Dinge mit Begründung urteilen ließ. Denn es hat mich vor den Fehlern bewahrt, die Frauen so häufig dem Gatten gegenüber durch ihr Temperament ohne viel Überlegung begehen. Wenn Georg und ich uns auch von vornherein in dem Streben einig waren, uns innerlich höher zu bilden – so hat doch jeder die Entspannung und Lösung von Kräften und Gaben in der Ehe glückschaffend empfunden – und neben einer poetischen Liebe wurde eine tiefe Freundschaft, ein unbedingtes Vertrauen täglich größer und schöner* (ebd. 15).

Das alltägliche Zusammenleben vieler Paare war wohl prosaischer. *Wenn ich jetzt an ihn zurückdenke, meine ich, dass er ein ehrenwerter Mann war*, urteilt Hedwig Dohms Novellenfigur. *Dass er, von seiner Superiorität mir gegenüber überzeugt, etwas eigenwillig und streng in seiner Anforderung an mich war, tat dem Frieden unserer Ehe keinen Abbruch. Ich machte ihm nie Opposition, richtete vielmehr Alles ganz so ein, wie er es wünschte.* [...] *Gegen Abend war ich immer bereit, mit Eduard spazieren zu gehen. Nur ging er meistens so schnell, dass es mich etwas anstrengte. Vor dem Schlafengehen spielte er gern Karten. Ich spielte nicht gern Karten, freute mich aber, dass ich ihm den kleinen Dienst leisten konnte* (Dohm, 1894, 17). Als treusorgende Gattin bemühte man sich eben, die Wünsche des Ehemannes zu erfüllen. Auch die selbstbewusste Hedwig Heyl besuchte nur die Theaterstücke, die ihr Mann passend fand und Hedwig Pringsheim bedurfte der Erlaubnis ihres Ehemannes, um selbstständige Reisen unternehmen zu können. Mitunter ist in den Aufzeichnungen von Bürgerinnen davon die Rede, den richtigen Zeitpunkt abzupassen, um eigene Wünsche vorbringen zu dürfen. So erzählt Lily Braun von ihrer Mutter, dass sie den sonntäglichen Abend zu entsprechenden Interventionen zu nutzen wusste. Es war *die Stunde, in der mein Vater für Wünsche am zugänglichsten, für Widerspruch am wenigsten empfindlich war. Dann pflegte Mama mit gekreuzten Armen tief in der Sofaecke seines Zimmers zu sitzen, der Patience zuschauend, die er, als bestes Nervenberuhigungsmittel, wie er meinte, allabendlich zu legen pflegte* (Braun, 1985, 53). Selbstverständlich oblag das letzte Wort in allen Entscheidungen dem Herrn des Hauses. Nur selten regte sich Trotz, wie in den Briefen von Marie Wegner. *Gestern war hier eine herrliche Nelkenausstellung,* schreibt sie 1913 ihrer Mutter. *Ich genieße das natürlich mehr als Gustav, der seinen Unmut, da er keinen Sohn mehr hier hat, auf seine Gattin loslässt und dabei schreibst Du noch, ich möchte doch das Einzige was mich frisch hält, meine Arbeit aufgeben, weil Gustav meiner bedarf. Ob Du wohl so etwas an einen Deiner Söhne schreiben würdest? [...] Gustav ist immer unzufrieden gewesen und wird es wohl immer sein, das liegt in seiner Natur, wohl auch in seiner mangelnden Gesundheit, das muss ich nun schon in Kauf nehmen, aber mir deshalb auch in meinen alten Tagen alle Arbeitskraft hemmen, das tue ich nicht, nachdem ich erkannt habe, wie sehr man sich an den Frauen versündigt hat, in dem man glaubte, sie wären nicht für sich selbst, sondern nur für andere auf der Welt* (Bettin, 2003, 69).

Mutterschaft

Selbstverständlich gehörten eigene Kinder zum Leben als verheiratetes Paar dazu. Da das Familieneinkommen gesichert war, gab es keinen Grund, den Kindersegen hinauszuschieben. Ging alles nach Plan, dann wurde die junge Ehefrau schon im ersten Jahr nach der Heirat schwanger. Hedwig Dohm beispielsweise heiratete 1853 und brachte in den folgenden sieben Jahren vier Töchter und einen Sohn zur Welt. Ihre 1878 verehelichte Tochter Hedwig Pringsheim gebar fünf Kinder in den ersten fünf Ehejahren. Auch Hedwig Heyl, die 1868 ihre Ehe schloss, schenkte fünf Kindern das Leben. Doch die Abstände zwischen den Geburten waren größer. Das Ehepaar Krupp, verheiratet 1882, begnügte sich mit zwei Töchtern, die in fünf Jahren zur Welt kamen. Aus der 1883 geschlossenen Ehe Marie Wegners im gehobenen Beamtenmilieu gingen drei Söhne hervor. Die Professorengattin Emilie Bücher, verheiratet 1881, brachte gar nur einen Sohn zur Welt. Eine weitere Schwangerschaft endete mit einer Fehlgeburt. Die Statistik des Kaiserreichs bestätigt die Einzelbeispiele. Im Wirtschaftsbürgertum blieb es bis zum Ende der Wilhelminischen Ära bei fünf bis sechs Kindern; das Bildungsbürgertum hingegen begann zunehmend, die Zahl der Kinder zu beschränken.

Welchen Einfluss hatten Bürgerinnen auf die Familienplanung? In ihren autobiografischen Erinnerungen schweigen sie sich über das heikle Thema aus. Ob sie überhaupt über entsprechende Kenntnisse verfügten, ist fraglich. So ist zu vermuten, dass dem in zeitgenössischen Romanen kolportierten weiblichen „Kopfweh" beschwiegene männliche Enthaltsamkeit gegenüber stand. Doch wir wissen wenig darüber, wie offen bürgerliche Ehepaare mit der Familienplanung umgingen. Selbst die Berichte über Schwangerschaften und Geburten fallen in den aufgezeichneten Erinnerungen von Bürgerinnen äußerst karg aus. Untypisch sind die offenen Worte von Hedwig Dohm. Sie schreibt: *Während meiner fünf Schwangerschaften litt ich, ganz im Gegensatz zu meiner Mutter, ein Martyrium, das mich zu Selbstmordgedanken brachte* (Dohm, 1902, 44).

Auch über die ersten Lebensjahre ihrer Kinder lassen Bürgerinnen relativ wenig verlauten. Die Versorgung des Nachwuchses den Kindermädchen zu überlassen, war üblich, wenn man sich ein eigene Amme oder Kindsmagd leisten konnte. *Ob eine Pflicht für die Frau besteht, ihr ganzes Leben den Kindern zu widmen, darüber mag man verschiedener Meinung sein. Dass kaum eine Frau dieser Pflicht nachkommt, ist sicher; sie kann es auch nicht, ohne ihre soziale Stellung, ihre gesellschaftlichen Beziehungen, ihren Gatten an den Nagel zu hängen* (Dohm, 1903, 15), resümiert Hedwig Dohm. Wieviel Zeit und Aufmerksamkeit Mütter ihren Kindern widmeten, mag bedingt durch die finanzielle Lage der Familie und abhängig vom Umfang des Personals individuell tatsächlich sehr unterschiedlich gewesen sein. Hedwig Dohms Erfahrungen zufolge sah zumindest im gutsituierten Bürgertum der Tagesablauf mit den Kindern überall recht ähnlich aus. *Den größten Teil des Tages gehören die Kinder der Kinderfrau oder dem Fräulein. Die Mutter stattet nur Besuche im Kinderzimmer ab, das Kind nur Besuche im Wohnzimmer. [...] Die Wärterin meiner Kinder bekam Wutanfälle*, berichtet sie leicht satirisch gewürzt. Ihr Kindermädchen reagierte empört, *wenn ich einmal mein Kind selbst baden, wickeln oder im Garten spazieren fahren wollte. Das sei ihre Sache. Sie empfand mein Eingreifen als eine Ehrverletzung, eine tödliche Kränkung. Und ich, ich suchte heimlich, hinter ihrem Rücken, meinem Kindchen beizukommen* (ebd. 19). Selbst im gehobenen Bürgertum mögen die Welten der Erwachsenen und Kinder nicht immer so getrennt gewesen sein. Hedwig Pringsheim beispielsweise, deren großbürgerlicher Haushalt über eine Köchin, ein Stubenmädchen, ein Kinderfräulein und eine Amme, später ein französisches „Mädchen" verfügte, nutzte die Stippvisiten im Kinderzimmer, um eifrig Buch über den Werdegang ihrer Kinder zu führen. *Seit einiger Zeit*, notiert sie über die Entwicklung eines Sohnes, *zeigen sich die ersten Anfänge von Konjugationsvermögen; er unterscheidet Infinitiv und dritte Person, Gegenwart und Vergangenheit. Er sagt ‚Schuhe ausziehn' und ‚auszogen', ‚Pipi maken' und ‚Pipi macht'. Auch seine Aussprache vermenschlicht sich* (Jens, 2007, 72). Sogar Strafen und ihre Wirksamkeit werden schriftlich ausgewertet und Urteile über die charakterliche Entfaltung des Nachwuchses vermerkt. Dies spricht dafür, dass zumindest ein Teil der mütterlichen oder elterlichen Zeit bewusst mit den Kindern verbracht wurde. Hedwig Heyl, die sich zeitlebens über ihre hausfraulichen und mütterlichen Qualitäten definierte, diese aber mit wachsendem Lebensalter mehr und mehr in gesellschaftliches Engagement münden ließ, resümiert ihre familiären Pflichten andererseits folgendermaßen: *Es ist ein hohes Glück, wenn ein schöpferischer Mensch auf andere so einwirkt, dass er innerliche Quellen und Begabungen nicht nur entdeckt, sondern diese befruchtet und ihnen zur Entwicklung verhilft. Ich habe dieses Glück in hohem Maße im Leben gehabt und deshalb mehr in der Welt leisten können, wie manche, die alles nur auf sich allein stellen. – Im eigenen Hause, das naturgemäß sehr oft als Lehrstätte diente – hatte ich meine treue, mir ergebene und mich verstehende Erzieherin meiner Kinder, die nach deren Erwachsensein die Überwachung des Hauses und vieles mehr übernahm. Über 40 Jahre führte das Zepter in der Hausarbeit eine Perle als Hausmädchen, die in gewisser Weise meine soziale Arbeit nicht nur verstand, sondern unterstützte. – Angelernte langjährige Köchinnen wuchsen sich zu Berühmtheiten aus, die später als Kochfrauen Triumphe feierten oder sich auf dem Hof mit langjährigen Beamten verheirateten – kurz, es war eine sorglose Haushaltung, die mir lange Jahre freie Hand zu anderer Arbeit ließ, obgleich ich die eigentliche Leitung in der Hand behielt* (Heyl, 1925, 60).

Hatten die Kinder das Schulalter erreicht, übernahmen im bürgerlichen Haushalt meistens Hauslehrer und Hauslehrerinnen die Aufsicht über die Kinder. Es scheint üblich gewesen zu sein, dass die Väter über die schulischen Fortschritte sehr viel intensiver als die Mütter wachten. Auf die weitere Ausbildung der Söhne hatten sie in der Regel ohnehin keinen Einfluss. Was berichten Bürgerinnen über ihre heranwachsenden Kinder in ihren Briefen? Viel Raum nehmen Krankheitsberichte ein – kein Wunder, waren doch eine Reihe der heute als Kinderkrankheiten bekannten Erkrankungen lebensbedrohlich. Manches wird über die Geselligkeiten und Reisen erzählt, die die Familie oder die Mütter allein gemeinsam mit Kindern und Erziehungspersonal unternahmen. Jenseits von geselligen Events, die mit den Kindern besucht werden, ist in den privaten Aufzeichnungen und Briefen nur selten von den jüngeren Töchtern die Rede. Wirklich eng scheint das Verhältnis zu den Töchtern erst dann geworden zu sein, wenn sie sich nach dem Vorbild der Mama zu heiratsfähigen jungen Damen mausern sollten. Wenn schließlich deren Heiraten konkret geplant wurden, gerieten sie endgültig in den mütterlichen Fokus. Sie dann als junge Ehefrauen, bei der Gründung des eigenen Haushalts, im Kindbett oder im Umgang mit den Kindern zu unterstützen, scheint zu den mütterlichen und großmütterlichen Aufgaben gehört zu haben, die gerne übernommen wurden. Nicht selten entwickelte sich mit den erwachsenen Töchtern ein reger gesellschaftlicher Verkehr im erweiterten Familien- und Freundeskreis.

Zu den schmerzlichen Erfahrungen der Mutterschaft gehörte es, das Sterben eigener Kinder zu begleiten. Vielleicht wurde man in der eigenen Kindheit ein wenig darauf vorbereitet, denn zu den üblichen Kindheitserinnerungen gehörte der Tod von Geschwistern. Selbst 5-jährig und die Jüngste von wohl neun Geschwistern, erinnert Franziska Tiburtius den Tod ihres 22-jährigen Bruders im Jahr 1848. *Mein lieber großer Bruder wurde zu den beiden kleinen Brüdern auf dem Bobbinger Kirchhof gebettet, und das Bild des schwankenden Sarges, der zur Gruft getragen, habe ich noch vor Augen* [...] *Es hat lange gedauert, bis meine Mutter nach diesem Schlag wieder das Haupt erhob, meinem Vater wieder die Helferin und Trösterin in seinem hypochondrischen Verstimmungen sein und das Haus wieder mit leichter, fester Hand regieren konnte* (Tiburtius, 1929, 34). Auch noch in der zweiten Hälfte des 19. Jahrhunderts und zu Zeiten des Wilhelminischen Kaiserreichs war die Kinder- und Jugendsterblichkeit hoch. Es war keineswegs selbstverständlich, alle eigenen Kinder ins Erwachsenenalter begleiten zu können. Hedwig Dohm verlor 1866 ihren einzigen Sohn; 12-jährig starb er an Scharlach. *Jede Mutter, die ein geliebtes Kind durch den Tod verlor, weiß, wie jeder Schlag, jedes böse Wort, jeder Wunsch, den sie aus Bequemlichkeit oder wenigstens grundlos versagte, auf ihrer Seele brennt* (Dohm, 1903, 118), wird sie rund 40 Jahre später in ihrem 1903 veröffentlichten Essay über Mütter schreiben. Auch Hedwig Heyl musste am Totenbett eines halbwüchsigen Sohnes sitzen. Seine Blindarmentzündung wurde zu spät entdeckt. *Wäre mein Freund Professor Schott aus Nauheim nicht meinem Rufe gefolgt – hätte man mich – an Herzschwäche gestorben – gleich mit ihm eingesargt*, schreibt sie in ihrer Autobiografie. *So saß er Tag und Nacht an meinem Lager und half mir wieder ins Leben – aber ich musste meine Arbeit sehr einschränken, da die nervösen Herzanfälle mich oft unfähig machten. Zudem war mein Kummer so groß – dass er mich fast zerschmetterte* (Heyl, 1925, 53). Schließlich stahl auch der Erste Weltkrieg vielen Bürgerinnen Söhne, die sie über die krankheitsanfälligen Kindheits- und Jugendjahre hinweggebracht hatten. Marie Wegner verlor einen ihrer drei Söhne im Krieg. Lily Brauns einziger Sohn überlebte ihn ebenfalls nicht.

Und wenn der Kindersegen ausblieb? Etwa jede zehnte Ehe war im 19. Jahrhundert kinderlos. Zu den verheirateten Bürgerinnen ohne Kinder gehören beispielsweise die Arzttochter und Sozialdemokratin Anna Blos, verheiratet mit dem Reichstagsabgeordneten Wilhelm Blos, die Unternehmergattin Auguste Hauschner, geboren 1850, oder die nur kurz verheiratete Frauenrechtlerin Elisabeth Gnauck-Kühne. Es gibt keine Informationen darüber, wie die Letztgenannten ihre Kinderlosigkeit erlebten und verarbeiteten. Anna Blos schreibt bitter: *Es ist doch recht schade, dass ich keine* [Kinder] *habe, ich wär sicher eine sehr gute Mutter geworden. Warum sind nur die Geschicke so ungleich verteilt? Die Mütter dieser Kinder sind doch schließlich auch nicht so viel besser wie ich und haben alles, während ich einsam bei Seite stehen muss* (Riepl-Schmidt, 1998, 138). Dass nach zeitgenössischem Verständnis eine Ehefrau ohne Kinder bedauernswert war und ähnlich wie eine ledige Frau ihre eigentliche Aufgabe nicht wirklich erfüllt hatte, diese Ansicht dürfte zumindest der Vorstellung ihrer gesellschaftlichen Umgebung entsprochen haben. Ohnehin war nach gängigem Vorurteil davon auszugehen, dass an der Kinderlosigkeit eines Paares eher die Frau als der Mann „Schuld" sei. Und so ist im „Brockhaus" von 1887 zu lesen: *Unfruchtbarkeit, verschieden von Impotenz, ist die bei beiden Geschlechtern, insbesondere aber beim Weibe vorkommende Unfähigkeit, Kinder zu zeugen. In vielen Fällen gelingt es, bei gründlicher Untersuchung, die Ursachen derselben nachzuweisen.* […] *In vielen Fällen liegen der Sterilität auch psychische Ursachen (Widerwillen, Hass, Abneigung gegen den Ehegatten) zu Grunde. Vgl. Duncan, Sterilität bei Frauen, Berlin 1884; Kisch, Die Sterilität des Weibes, Wien und Leipzig 1886.* Wie die von Unfruchtbarkeit betroffenen Paare die „Schuldfrage" diskutierten, davon berichten Briefe und private Aufzeichnungen oder Autobiografien wenig. Zu groß waren die Tabus rund um das Thema Sexualität. Auch von Anna Blos und Auguste Hauschner oder Elisabeth Gnauck-Kühne sind keine diesbezüglichen Stellungnahmen überliefert. Oder soll man die Aussage der Letztgenannten – *Das Weib ist im Gemüt auf das Kind, auf Gemeinschaft, angelegt. Der Mann will das Weib, das Weib aber das Kind* (Gnauck-Kühne, 1904, 139) – als Hinweis auf ihr eigenes Erleben interpretieren? Viele der vermutlich unfreiwillig kinderlosen Bürgerinnen nutzten die gewonnene Zeit für gesellschaftliches und kulturelles Engagement, vor allem aber für eigene schriftstellerische Tätigkeit.

Das bürgerliche Haus

Die Entfaltung des bürgerlichen Haushalts

Ich, Madame Schulz, glaube von ganzem Herzen und allen meinen Kräften an mich und meine Küche, an meine Kinderstube und meinen Waschkeller, an meinen Trockenboden und meine Nähmaschine. [...] *Jede Frau aber, die meine Unfehlbarkeit anzuzweifeln wagt, die meinen Anschauungen entgegen ist, oder sich mit sogenannten Ideen befasst, erkläre ich für eine sittenlose und verabscheuenswerte Emanzipierte* (Dohm, 1873, 93). Diese bösen Worte legt Hedwig Dohm ihren Geschlechtsgenossinnen in den Mund, die ihre Rolle als bürgerliche Hausfrau voll und ganz bejahen. Es ist das Bild der Bürgerin, die wenigstens einen Lebensraum ihren ureigenen nennt, in dem sie *das eigentlich herrschende, tonangebende Element* (Lammers, 1877, 68) sein darf.

Betrachtet man frühe Fotografien (groß-)bürgerlichen repräsentativen Wohnens, dann wirken die Räume nach heutigem Verständnis nicht selten vollgestopft mit schweren dunklen Möbeln. Kunstvoll drapierte Vorhänge, Tischdecken und Deckchen, unzählige dekorative Nippes, Bilder und Pflanzen zeugen von der Wohlhabenheit und dem Geschmack der Menschen, die diese Räume ihr Eigen nennen. Die Größe der Wohnung mochte sich nach dem Einkommen des Familienvorstands richten. Doch wer es sich leisten konnte, verfügte über eine Reihe von Zimmern. Zur Küche, dem Esszimmer und den Schlafräumen der Eltern und der nach Geschlecht getrennten Kinder gehörte zumindest die gute Stube, die bei geringerem Wohlstand nur für Gäste oder an Sonntagen geöffnet wurde. Eine Kammer für die Dienstboten – oft unter dem Dach – galt als wünschenswert. In besser gestellten Haushalten kamen der Salon, das Arbeitszimmer des Hausherrn, vielleicht auch ein eigenes Zimmer für die Dame des Hauses dazu. Ein gut ausgestattetes Badezimmer wurde im Verlauf des Wilhelmnischen Kaiserreiches immer mehr zum bürgerlichen Statussymbol. *Unser Bad macht uns wirklich Freude, es ist bequem u.*[nd] *kolossal, für* (den Ehemann) *Karl gerade recht, für* (den Sohn) *Friedi fast zum Schwimmen*, berichtet Emilie Bücher 1892 nach dem Einzug in eine neue Wohnung stolz (Wagner-Hasel, 2011, 104). Ein separates *„closet“, nämlich so eines wie in Hôtels* (ebd. 105), ergänzte die gut ausgestattete Bürgerwohnung. Gasbeleuchtung war üblich. Elektrisches Licht kam erst vermehrt um die Wende zum 20. Jahrhundert zum Einsatz. Geheizt wurde mit Kohleöfen.

Im großbürgerlichen Milieu mochte die Dame des Hauses über eine wahre Flut von Räumlichkeiten verfügen. Bei Pringsheims in München gab es im Hochparterre eine herrschaftliche Eintrittshalle mit großem Treppenaufgang, Speisezimmer, Musiksaal, Bibliothek, Herrenzimmer, Damenzimmer, Dienerzimmer, Herren- und Damengarderobe. Im ersten Stock waren Küche und Vorratsraum, Bad und Toiletten, drei Schlafzimmer sowie die Spiel- und Lernzimmer für die Kinder untergebracht. Doch typisch waren solche Paläste für bürgerliche Familien nicht. Die Familie des Großkaufmanns Heyl begnügte sich mit einem Saal zum Garten hin. *In der Mitte zwischen der guten Stube und dem Wohnzimmer lag ein kleines Speisezimmer und nach vorn zwei Kinderzimmer, eine Kammer und der Eltern Schlafzimmer. Hinter dem Saal war ein Schrankzimmer nebst Bad angebaut, worunter unten die Küche lag. Auf dem Boden war ein Mädchenzimmer aufgeschlagen* (Heyl, 1906, 28). Die Professorenfamilie Bücher, zwei Erwachsene, ein Kind, bewohnte in Leipzig seit den 1890er Jahren eine Mietwohnung mit fünf Zimmern, Bad und einer verglasten Veranda, auf der sich ein Großteil des alltäglichen Lebens abspielte. Ein Dienstmädchen gehörte beständig zum Haushalt. Für Abendgesellschaften wurden zusätzlich eine Köchin und ein Serviermädchen eingestellt; sicherlich kamen auch eine Waschfrau und eine Frau für die Näharbeiten ins Haus.

Diese Haushalte zu pflegen, war angesichts fehlender moderner Putzmittel und elektrischer Hilfsgeräte – etwa eines Staubsaugers – genauso zeitraubend wie die Bewältigung der Wäsche ohne Waschmaschine. Dass die bürgerliche Herrin des Hauses nicht mitzuarbeiten, sondern in erster Linie die für die Hausarbeit zuständigen Dienstboten zu beaufsichtigen hatte, galt als selbstverständlich. Hygiene- und Sauberkeitsnormen orientierten sich daher auch an einer Schar tatsächlich vorhandener oder imaginierter dienstbarer Geister. Und was gab es nicht alles zu putzen: Hedwig Heyl empfahl als tägliche Grundreinigung eines Wohnraumes: *Solange das Feuer im Ofen brennt, beginnt nun das eigentliche tägliche Reinemachen, und zwar mit dem Hochstecken der Gardinen, Portieren etc., Entleeren des Papierkorbes, Abkehren der Teppiche mit Kohl oder Teeblättern und Zusammenschlagen derselben um den Tisch. Felle oder kleine Teppiche vor Schreib- und Nähtisch legt man vor die Tür und stäubt sie später im Freien aus. Das Zimmer wird ausgefegt und dann aufgerieben. Ist der Fußboden geölt oder gestrichen, kann das feucht geschehen, sonst wird gebohnert wie bei Stabfußboden und Parkett, oder mit einem trockenen Flieslappen, den man um einen trockenen Schrubber schlägt, erst aufgewischt, der Lappen recht oft ausgestäubt und wenn das ganze Zimmer fertig ist, der Fußboden mit einer Bohnerbürste überbürstet. Ehe man Staub wischt, erledigt man die Arbeiten außerhalb des Zimmers, wie Blumenvasen auffrischen, Vogelbauer reinigen, Goldfische füttern, kleine Teppiche ausschlagen, Topfpflanzen mit abgestandenem Wasser oder mit Zugabe von warmem Wasser gießen; nach einigen Minuten entleert man die Untersätze. Dann beginnt man mit dem Staubwischen, unter besonderer Berücksichtigung der Fenster, an denen Schreib- und Nähtisch stehen.*

Die wöchentliche Reinigung erfordert an Mehrarbeit: Teppichklopfen, Polstermöbel und Portieren klopfen und bürsten, je nach Material, Ofentür schwärzen, Messinggriffe putzen, Fensterputzen, Holzmöbel abreiben. Ferner müssen Blattpflanzen vorsichtig mit einem Schwamm und lauem Wasser abgewaschen, andere Blumen mit einer Blumenspritze gründlich abgespritzt und so vom Staub befreit, Untersätze und Töpfe abgewaschen werden. Vogelbauer und Frischbehälter werden, um das Wohlbefinden der Tiere zu erhöhen, einer gründlichen Reinigung unterzogen (Heyl, 1905, 39–40). Beim Leser solcher Listen mag der Eindruck entstehen, hier wird nicht nur im Haushalt gearbeitet, sondern Arbeit im Haushalt geschaffen.

Bild 2: Hedwig Heyl (1850–1934), die *beste Hausfrau* der Nation.

Erzwang das Familieneinkommen den sparsamen Einsatz von Dienstboten, dann hatten die Herrin des Hauses und die Töchter mitzuarbeiten. Die immerwährende Klage über die Haushaltsarbeit durchzieht dann auch die Lebensbeschreibungen vieler Bürgerinnen. *Jetzt ist's 11 Uhr morgens*, notiert 1901 Emilie Bücher, die gewohnt war um sieben Uhr in der Frühe aufzustehen, *u.*[nd] *ich bin erst fertig mit meinen Morgengeschäften, die da sind: Lampen putzen, abstauben, hier u.*[nd] *dort nachsehen, im Keller die Äpfel nach faulen Brüdern absuchen* (Wagner-Hasel, 2011, 125). Gemeinsam mit dem Dienstmädchen versorgte sie die Zimmeröfen. Letztere war für das Kochen zuständig.

Das Kreuz mit den Dienstboten

Von der Dienstbotenfrage sind wir längst zu sprechen gewöhnt, wenn es sich im konkreten Einzelfall um Aufgaben und Neubesetzungen einer Stelle handelt; als Unterabteilung der sozialen Frage ist die Dienstbotenfrage erst in jüngster Zeit weiteren Kreisen zum Bewusstsein gekommen. Aus dem Bereich der Hausfrauengespräche, aus dem eisernen Bestand der Witzblätter ist sie herausgetreten und verlangt Gehör, wenn von der Arbeiterfrage überhaupt, wenn von den Beziehungen zwischen Arbeitgeber und Arbeitnehmer verhandelt wird (Schott, 1900, 370). Mit diesen Worten leitete der Statistiker Sigmund Schott 1900 seine Untersuchung über die Fluktuation der Mannheimer Dienstboten ein.

Die Dienstbotenfrage war zeitgenössisch in aller Munde. Es ging nicht nur um die Frage, wie der Ausbildungsstand und die Sittlichkeit der Dienstmägde oder etwa ihre Lebensverhältnisse zu verbessern seien. Auch die Frage, wie der auftretende Mangel an dienstwilligen Mädchen zu erklären und wie er vor allem zu beheben sei, war Gegenstand einer engagiert geführten Debatte in den Medien. Die Zahl der Dienstboten war insgesamt rückläufig. Über 1,3 Millionen Dienstboten gab es 1882 im Deutschen Reich, 1907 waren es schon 60 000 weniger, obwohl die Gesamtbevölkerung deutlich gewachsen war. Offenbar stellte inzwischen die Fabrik eine attraktive Konkurrenz zum Dienst im Haushalt dar. Dabei stand für das Bürgertum außer Frage: Ohne Dienstboten war ein bürgerliches Leben schlichtweg undenkbar. Junge Mädchen, meist vom Lande, verdingten sich in den bürgerlichen Haushalten und gewährleisteten mit ihrer grundsätzlichen Verpflichtung zu 24-stündiger Bereitschaft zur Arbeit einen Lebensstil, der ohne Bediente kaum gepflegt werden konnte. Sie hüteten die Kinder, werkelten möglichst unsichtbar in Küche und Kammern und bedienten bei geselligen Ereignissen. Dienstboten unterlagen bis zum Ende des Kaiserreiches sogenannten Gesindeordnungen. Den Reglements zufolge lieferten die

Dienstwilligen nicht Arbeitszeit, sondern verdingten sich als ganze Person. Sie lebten in den Haushalten ihrer Herrschaften, die nicht nur weisungsbefugt waren, sondern auch erziehungs- und in gewissem Umfang züchtigungsberechtigt. In Preußen beispielsweise hatte jeder Dienstbote ein Dienstbuch, in dem die jeweilige Herrschaft auch Zeugnisse eintrug bzw. einzutragen hatte. Welche Folgen eine mögliche Bewertung als unehrlich oder faul für die weitere Stellensuche mit sich brachte, kann man sich leicht ausmalen. Nicht zuletzt belegte die Zahl der Dienstboten den Wohlstand des bürgerlichen Hauses. Und es war sorgfältig darauf zu achten, die gesellschaftliche Distanz zwischen Herrschaft und Dienstboten aufrechtzuerhalten.

In bürgerlichen Erinnerungen nehmen Dienstboten eine wichtige Rolle ein. Ihre Auswahl und die hohe Fluktuation des Dienstpersonals sind beständig Thema in den familiären Briefwechseln. *Es ist heut zu Tage schwer, was Gutes zu bekommen, wenn man ein Mädchen für alles will*, schreibt Emilie Bücher 1898 ihren Eltern (Wagner-Hasel, 2011, 126). Fehlte es an dienstwilligem Personal, drohte der Zusammenbruch des bürgerlichen Haushaltes: *Mein lieb Schwesterlein, nix, nix, denken kann ich als Magd suchen*, jammert sie 1905, als sie *Stiefel wichsen, Feuer machen u*[nd] *kochen* selbst erledigen muss. *Schrecklich, erst nahm ich es ganz leicht, nun ist der 1te Feb*[ruar] *aber doch so nah, da scheint es mir brenzlich, im Winter kann man mit dem besten Willen nicht ohne Dienstmädchen sein!* (Wagner-Hasel, 2011, 126). Auch Hedwig Heyl berichtet über ihre Schwierigkeiten mit den Dienstboten als junge Ehefrau. *Die achtzehnjährige junge Frau konnte ja leicht hintergangen werden. So trug meine Köchin am Herd meine neuen Stiefel, oder versteckte ihren Schatz im Kleiderschrank; trug während einer kleinen Reise meinen Sammetpaletot und schickte, mit Nachschlüsseln bewaffnet, einen Teil meines feinen Services zur Ergänzung ihrer Aussteuer weg. Ich litt einen schweren, mich bedrückenden Schiffbruch im Vertrauen zu den Menschen – und kam erst wieder ins Gleichgewicht, als meine Mutter mir eines von ihren Bremer Mädchen schickte, die dann lange Jahre bei mir blieb* (Heyl, 1925, 15). Ein Ton selbstgewisser Überlegenheit durchzieht solche und ähnliche Berichte. *Sie waren nicht organisiert und hießen nicht Hausangestellte, sondern einfach Dienstmädchen. Aber sonst lief's wohl auf dasselbe hinaus: es gab dumme und intelligente, bescheidene und freche, arbeitsame und faule. Ich bin überzeugt, dass die Zofe unserer Urmutter Eva, wenn sie ihr das Feigenblatt kokett befestigte, hernach zu ihren Kolleginnen höchst unpassende Bemerkungen darüber machte. Und Noahs Köchin wird ihren alten schwachen Herrn beim Einkaufen ganz höllisch betrogen haben und auf der Arche, wo sie dazu keine Gelegenheit fand, von den Tauben, mit denen er sich scheinbar ja gut eingedeckt hatte, gar manche beiseite gebracht haben, um später ihre Verwandtschaft damit zu regalieren* (Pringsheim, 1930), so selbst die freisinnige Hedwig Pringsheim humorig, aber nicht ohne Herablassung und Klischees.

Tatsächlich schien es nahezu unmöglich, einen bürgerlichen Haushalt ohne Dienstboten zu organisieren. Das lag nicht nur an der im Vergleich zu heute beschwerlicheren Haushaltsarbeit, sondern auch an der Vorstellung, dass es sich gehörte, die Arbeit im Haus nicht selbst zu tun, sondern zu überwachen und bei Tisch oder in Anwesenheit von Gästen bedient zu werden. Gehobene Reinlichkeitsstandards und Dienstboten bedingten sich wechselseitig. Ohne dienstbare Geister wären sie überhaupt nicht aufrecht zu halten gewesen und die vorhandenen Dienstmägde mussten schließlich auch beschäftigt werden. Wie viele Dienstboten ein Haushalt tatsächlich finanzieren konnte, hing von den materiellen Ressourcen der Familie ab. Mindestens ein sogenanntes Mädchen für alles war selbstverständlich. Es wurde um Personal, das tagesweise gemietet werden konnte, bei Bedarf ergänzt. Besser gestellte Bürgerfamilien verfügten auch über ein Kindermädchen und eine Köchin. Großbürgerliche Haushalte besaßen eine ganze Schar von Dienstpersonal, die ihrerseits einer Diensthierarchie in der Hauswirtschaft unterlag. Auffällig ist über alle Binnendifferenzierungen des Bürgertums hinweg vor allem Eines: Das gängige und im eigenen Selbstverständnis so wichtige soziale Engagement der Bürgerinnen hörte vor der Tür der Dienstbotenkammer auf. Forderungen der Dienstmädchen nach mehr Lohn oder mehr Freizeit, vielleicht gar nach dem Recht auf eine gewisse Privatsphäre galten stets als unverhältnismäßig. Nicht nur im Wilhelminischen Kaiserreich, noch in der Weimarer Republik waren alle Versuche erfolglos, Dienstverhältnisse mit klaren Arbeitszeitregelungen rechtlich abzusichern. Selbst die sozialdemokratische Gewerkschaftsbewegung war an einer Organisation der Dienstboten nicht interessiert. *Wir fragen uns immer, warum Dienstmädchen schwer zu bekommen sind, und warum sie lieber in die Fabriken gehen. Wenn wir nun aber gestern hörten, dass die Dienstmädchen nicht gegen Krankheit versichert sind und heute dass sie keine Unfallrente bekommen, so dürfen wir uns nicht wundern, dass die Mädchen mit ihrer Lage unzufrieden sind und lieber einen Beruf wählen, in dem besser für sie gesorgt ist* (Bettin, 2003, 42), so Marie Wegner in einem Referat im Jahr 1907. Doch es blieb vorerst der proletarischen Frauenbewegung vorbehalten, sich halbherzig zum Anwalt des häuslichen

Dienstpersonals zu erklären. Aber leicht war es nicht, in die Arbeitsverhältnisse des Haushalts vorzudringen. *Und im überfüllten Saal waren außer den Dienstboten: neugierige Hausfrauen, bürgerliche Frauenrechtlerinnen, Journalisten.* [...] *Auch ein paar Genossinnen entdeckte ich*, erzählt Lily Braun über eine Versammlung der Dienstbotenbewegung in Berlin, auf der sie einen Vortrag hielt. *‚Sie wollen eine Verbesserung der Gesindeordnung, als ob auf verunkrautetes Feld frischer Samen gesät werden sollte. Es gibt nur eine Forderung, die Sie stellen dürfen: ihre Abschaffung, damit Sie den Arbeitern gleichgestellt werden.‘ ‚Wir sind keine Arbeiterinnen, – wollen keine sein!‘ rief ein zierliches Zöpfchen mit gebrannten Stirnlocken entrüstet. ‚Sie predigen Harmonie zwischen Herrschaft und Dienstboten, und doch gibt es zwischen ihnen ebenso wenig eine Interessengemeinschaft wie zwischen dem Arbeiter und dem Unternehmer.‘ ‚Unerhört!‘ Ein paar Damen mit hochrotem Gesicht drängten sich zur Tür. Die Mädchen lachten hinter ihnen: ‚Sie können die Wahrheit nicht vertragen!‘* [...] *‚Sie wollen statt einer Schlafstelle ein Zimmer, das Ihnen etwas wie ein Zuhause sein kann. Sie tun recht daran. Aber bei der heutigen Einteilungsart der Wohnungen und ihren hohen Preisen sind die meisten Frauen nicht imstande, sie Ihnen zu geben. Sie wollen – lassen Sie mich aussprechen, was Sie selbst noch nicht ausgesprochen haben – Sie wollen mit Ihren Freundinnen verkehren können, Ihren Bräutigam sehen, ohne auf die Straße auf die Tanzböden gehen zu müssen.‘ ‚Unglaublich‘ Und wieder leerte sich der Saal um zahlreiche elegante Zuhörer* (Braun, 1985, 595).

Geselligkeit und Netzwerkpflege

Eine große Rolle spielte im bürgerlichen Leben die Geselligkeit. Berufskollegen des Mannes, Geschäftspartner, die Mitglieder des wohltätigen Frauenvereins und der örtlichen Honoratiorenschaft einladen zu können, bei diesen selbst eingeladen zu werden, stellte ein gesellschaftliches „Muss“ dar. In der gastlichen, nur scheinbar privaten Runde, wurden Geschäftskontakte angedacht, informell Netzwerke geknüpft und Verbindungen am Leben gehalten, die dem Fortkommen im Beruf des Ehemannes und der Kinder nützlich sein konnten. Geselligkeit schuf für einen ausgewählten Kreis eine Informationsbörse und die Möglichkeit, sich selbst und den eigenen Lebensstil adäquat zu präsentieren. Nicht zuletzt bot die gepflegte Gastlichkeit die Chance, die Ausstattung und das Niveau des eigenen Hausstands sinnfällig vor

Augen zu führen. Wer konnte schon aufwarten mit einer beeindruckenden Tischdekoration mit Tischdecken, Läufern, Banddekoration, der Jahreszeit gemäßem Blumenschmuck, etwa *Schneeglöckchen, Veilchen, Kätzchen und dergl*[eichen]. *Dazu vielleicht, statt eines Tischläufers hellgrünes oder zartlila Seidenband schräg gekreuzt über die Tafellänge gespannt und an den Kreuz- und Endpunkten mit Blumenbüscheln besteckt* (Heyl, 1905, 152)? Wer besaß eine ganze Palette von Gläsern, *weiße für Rotwein, grüne für Moselwein, Römer für Rheinwein und Sektgläser, gleichgültig ob Schalen, Kelche oder Becher, Wassergläser für Limonaden und Wasser* (ebd. 153), die Hedwig Heyl in ihren Ratgebern für die gepflegte Gastlichkeit für erforderlich hielt.

Vor allem aber bot die Geselligkeit der Frau des Hauses ein anerkanntes Wirkungsfeld. *Absichtslos und selbstverständlich tritt hier die Frau in den Vordergrund, trägt die Lasten und Ehren*, schreibt Marie von Bunsen in einem Büchlein über „Die Frau und die Geselligkeit". *Dies ist ihr ureigener Wirkungskreis, hier übt sie zweifellose Macht, unersetzlichen Einfluss. Hier hat sie keine Nebenbuhler zu befürchten, hier verlieh ihr die Natur feingegliederte, reichhaltige Hilfsmittel, hat ihr kein Werkzeug vorenthalten, oder dessen Gebrauch erschwert* (Bunsen, 1916, 9 f.).

Die Zusammensetzung der Gästeschar war durch den Beruf des Hausherrn, das soziale Engagement der Hausherrin und die politischen oder kulturellen Neigungen des Paares bestimmt. Wie ausschweifend Gastlichkeit betrieben werden konnte, hing vom sozialen Status und den materiellen Ressourcen der Familie ab. *An dieser Schlüsselstelle der Konstituierung der ‚Bürgerlichkeit', an der die Grenze von ‚privat' und ‚öffentlich' fließend wurde, verlor die Frau ihre Nebenrolle und nahm als Gastgeberin wenn nicht gar den wesentlichen so doch einen gleichberechtigten Part ein* (Budde, 2009, 88).

Untereinander, das heißt unter den einzelnen Gütern war [...] *der Verkehr recht lebhaft, und vornehmlich in meinem Elternhause wurde eine relativ großartige Gastfreundschaft geübt*, berichtet die auf Rügen aufgewachsene Franziska Tiburtius. *Kein Sommer verging, wo nicht durch viele Monate zwei oder drei Verwandte, meist ältere, einsame Tanten – von uns sehr geschätzt, weil sie so prachtvolle Geschichten erzählen konnten, – bei uns Wohnung nahmen, – oder auch eine oder die andere auf Sand geratene Existenz aus dem entfernten Verwandtenkreise versuchte, unter dem gastlichen Strohdach zu neuer Fahrt flott zu werden* (Tiburtius, 1929, 27). Ausführliche launige Berichte über die berufsbedingten Einladungen, die man zu bewerkstelligen hatte, gehören zu den typischen Briefinhalten bürgerlicher Damen.

Nicht nur die Speisefolge wird akribisch berichtet, nicht selten auch die Gästeliste mitgeliefert und die Leichtigkeit betont, mit der die Dame des Hauses die Anstrengungen meistert. Anschaulich berichtet beispielsweise Emilie Bücher von den gesellschaftlichen Verpflichtungen, die ihr der Lehrstuhl ihres Mannes in Leipzig auferlegt. Sie erzählt von „Reformgesellschaften" mit den jüngeren Kollegen ihres Mannes und repräsentativeren Einladungen, für die zusätzliches Personal angestellt wurde. *Einladen muss sein*, schreibt sie und beklagt die hohen Kosten für mehrgängige Gastmahle, nicht selten für 16 bis 19 Personen, die sie monatlich ausrichten muss. *Nächsten Donnerstag 31st. haben wir unsere 6te Einladung* [...] *Das nächste Mal, weil es fast lauter Geh*[eim]*räte sind, wird wieder ein Küchendrache draußen regieren, den Kochlöffel schwingen!* [...] *Wisst ihr – mühsam ist die Geschichte auf diese Weise nicht, Karl richtet das Geschirr etc., die Servierfrau deckt den Tisch, holt die Dessert- u*[nd] *Kompottteller, Tassen etc. aus dem Schrank heraus, ich übersehe das Ganze, Karl zahlt's. Wie gesagt, es geht ganz gut, ist aber teuer. Namentlich die Kochdame.* Serviert wurden diesmal *ein Ragout aus 6 Kalbszungen, 4 Barschen mit 24 Krebsen* [...] *Rehrücken, Salat, Eis, Butter, Käse* [...] *Den Tee erst u*[nd] *den Kaffee zuletzt besorgt auch die Dienerschaft, ich brauche mich nicht darum zu bekümmern* (Wagner-Hasel, 2011, 121). Auch die Studenten mussten eingeladen werden. *Wir haben nun 2 Gesellschaften wieder abgemacht*, berichtet die Professorengattin ihrer Schwester 1901. *Eine Studenten u. eine gemischte. Beide fielen gut aus. Bei der ersten musste ich die 16 meist älteren Studenten empfangen. Karl hatte Sitzung u. kam erst ½ Stunde später. Da ich die Herren nicht kannte, war das nicht ganz leicht. Sie bekamen einen ganzen Schinken mit Bohnen u. einen Kalbsschlegel mit Salat, Torte, Käse, Butter, Orangen* (ebd. 123). Selbstverständlich hatte man entsprechende Gegeneinladungen der Leipziger Professorenkollegen anzunehmen. Kleinere kulinarisch umrahmte Zusammentreffen mit Kollegenpaaren, vor allem aber wöchentliche Kaffeekränzchen mit den Ehefrauen der Kollegen rundeten das übliche Gastlichkeitsprogramm ab. *Hier streiten sie über Ibsens Theaterstücke oder ereifern sich nach dem Erscheinen von einem garstigen Buch über die ‚Inferiorität der Frauen' von Möbius (Nervenarzt) über die Frauenfrage. Ein unerschöpfliches Thema sind zudem die menschlichen Schicksalsschläge, ein Selbstmord in der Bekanntschaft, Gerüchte über Heiraten* (Wagner-Hasel, 2011, 136). Aber: *Eine nahe Freundin habe ich hier nicht*, klagt Emilie ihrer Schwester, *es sind nur Bekannte, von Aussprechen kann keine Rede sein* (ebd. 149).

Bild 3: Emilie Bücher (1853–1909), Professorengattin, mit Sohn Friedrich um 1890.

Geselligkeit, von den Ehefrauen gewährleistet, spielte nicht nur im Kollegenkreis eine große Rolle. Bürgerfamilien, die in der Literatur- und Kunstszene ihrer Heimatstadt Einfluss hatten, waren bestrebt, ihr Heim zum Treffpunkt des „Who is Who" ihres Milieus auszugestalten. *Bei den großen winterlichen Gesellschaften, die sie vor dem Krieg veranstaltete*, wird beispielsweise über die Berliner Fabrikantenehefrau und Schriftstellerin Auguste Hauschner berichtet, *entfaltete sich in ihrer Wohnung etwas von dem Glanz des alten Salons* (Beradt/Bloch-Zavřel, 1929, 7 f.). In ihren Wohnräumen versammelten sich Künstler, Journalisten und Politiker. *Die Zahl war unerschöpflich, unerschöpflich war die Heiterkeit, der Geist der Lebensfreude. Zwei Flügel standen im Salon einander gegenüber; sie wurden selten von den Gästen angerührt, aber (er) sah noch heute, wie die Menschen nach der Tafel gegen die Flügel gelehnt standen und Mokkatassen in der Hand, die die alte Emma herumreichte, miteinander sprachen.* Durch Auguste Hauschners Salon gingen *Frauen, Männer, Werdende, Hochgestiegene, Umkämpfte, Eitelkeiten und Wesenheiten* (Teufel, 1991, 60).

Margarethe Krupp verkehrte in Berlin im konservativen Salon der verwitweten Gräfin Maxe Oriola. Die Gräfin veranstaltete *allwöchent-*

lich einen politisch und wissenschaftlich literarisch gefärbten Zirkel. Virchow und viele andere Reichstagsabgeordnete wie Graf Münster, viele hohe Staatsbeamte und Militärs erschienen. Wie ein schwacher Abglanz der schöngeistigen Kreise einer Rahel Levin und Henriette Herz zu Anfang des Jahrhunderts fand sich daneben bei ihr ein die Elite der feingeistigen Welt, vor allem die nahe Verwandtschaft: Dr. Lujo Brentano, Neffe von Clemens Brentano, dem Nationalökonomen; Hermann Grimm, dessen Ruf als Kunsthistoriker durch sein in den sechziger Jahren erschienenes ‚Leben Michelangelos' schon fest begründet war, seine originelle Gattin, Gisela von Arnim, die das Temperament Bettinas am meisten geerbt, voll von sprunghaft sprudelnden Einfällen, denen beizuwohnen ein eigen Vergnügen für die im engen häuslichen Gesichtskreis Großgewordene war (Friz, 2009, 60).

Im Haus des „Kladderadatsch"-Herausgebers Dohm verkehrten bekannte Größen der Kultur und oppositionellen Politik wie Fanny Lewald, Karl August Varnhagen von Ense, Franz Liszt, Hans und Cosima von Bülow, Alexander von Humboldt, Fürst von Pückler-Muskau, Theodor Fontane, Fritz Reuter, Gertrud Bäumer, Lily Braun und Gabriele Reuter, Ludwig Bamberger, Eduard Lasker und Ferdinand Lassalle. Frauenbewegte Bürgerinnen unterhielten mit großer Intensität Kontakte und Freundschaften in der nationalen und internationalen Frauenbewegung. Auch die Angehörigen der sozialen Reformkreise und der Sozialdemokratie pflegten in privater Geselligkeit ihre Netzwerke. Zum Freundeskreis Clara Zetkins, den sie in ihrem Haus in Stuttgart-Sillenbuch bewirtete, gehörten das Ehepaar Mehring und weiter, *August Bebel und Karl Liebknecht, Ottilie Bader, Karl und Luise Kautsky, die russische Revolutionärin Alexandra Kolontaj, Julian Marchlewski mit seiner Frau Broislawa und nicht zuletzt Wladimir Iljitsch Lenin* (Zundel, 1975, 12).

Wer zu den „Stars" der Gesellschaft zählte, konnte es sich leisten, zusätzlich zu formellen Einladungen einen „jour" einzurichten. Das war ein Tag, an dem „alle Welt" wusste, dass man zu Hause war und Bekannte oder Freunde empfing. Diese mussten nicht auf eine spezielle Einladung warten, sondern konnten einfach vorbeikommen. Offenbar ging es bei solchen Treffen weniger formell zu. Galten die Gastgeber als unkonventionell, durfte auch der Gast sich entspannter verhalten als sonst üblich. *Ihre ‚Dienstage' waren ihr eine Freude und ein Ehrgeiz*, heißt es in einem Nachruf auf Auguste Hauschner. *Sie war verstimmt, wenn einmal weniger Gäste kamen, und in glänzender Laune, wenn immer wieder die Tür sich öffnete und neue brachte* (Die Literatur,

26, 1923/24, 541). Auch die Dohms hatten ihren „jour". Zuerst hatte man den Freunden der heranwachsenden Töchter bekundet, dass man für einige Wochen jeden Montagabend zu Hause sei. Den Jugendlichen folgten die Eltern, *die brachten wieder neue Gäste angeschleppt, und im nächsten Jahr ging schon überall die Frage um: ‚Wann fangen denn eure Montage wieder an?' Die Sache hatte sich aus einem kleinen Jugend-Amüsement zu einer Sache der Berliner Gesellschaft entwickelt, man drängte sich zu ‚Dohms Montagen', alle Kreise und Altersstufen waren vertreten, und als es eines Abends wegen allzu großer Überfülle scherzhaft hieß, es sei einer zum Fenster herausgefallen, rief Wilhelm Scholz vom Kladderadatsch freudig bewegt: ‚Gott sei Dank, dann ist ein Stuhl frei geworden!* (Pringsheim, 1930b).

Bild 4: Das Palais Pringsheim in München (Innenansicht).

Selbst im großbürgerlichen Hause Pringsheim in München unterhielt man sonntags einen nachmittäglichen „jour fixe", der sich bis in den Abendstunden ziehen konnte. Hier trafen sich durchreisende Bekannte, Berufskollegen des Hausherrn, Freunde, Nachbarn und stadtbekannte Künstler. Den Teetisch *präsidierte die ebenso anmutige wie kluge Hausfrau mit einer körperlichen und geistigen Grazie ohnegleichen*, so der Maler Hermann Ebers in seinen Erinnerungen. *Nie habe ich die ‚Dame des Hauses' mit solch liebenswürdiger Leichtigkeit die kleine Zeremonie des Tee-Einschenkens und Kuchen-Anbietens ze-*

lebrieren sehen wie Frau Hedwig Pringsheim. Sie zu betrachten, wie sie, stets in einem wallenden ‚Teagown' aus chinesischem oder indischen Seidenstoff gekleidet, mit den schweren Silberkannen hantierte und die schönen Schüsseln, Schalen und Schälchen mit Kuchen und Backwerk in Umlauf setzte, war ein Genuss. Dass sie für jeden der vielen Gäste, die an allen Sonntagen sich zum Tee einfanden, ein persönliches, teils freundliches, teils heiter-witziges Wort fand, manchmal gleitend, dann wieder, wo es das Gewicht der angesprochenen Persönlichkeit verlangte, verweilend, ließ auch die Gäste, die weniger mit Glücksgütern gesegnet waren als sie, die große Aufmachung des Hauses nie als drückend empfinden (Jens, 2007, 89).

Kulturelles Leben

Zum idealen bürgerlichen Leben gehörte die Pflege von Kunst und Kunstverständnis selbstverständlich dazu. Eigenes künstlerisches Tun galt als Ausgleich für den arbeitsamen Alltag. Kulturelle Präsentationen der Familienmitglieder in Form beispielsweise von Hausmusik oder Laientheater sollten Gastmahle und Feste bereichern. Kulturelle Events wie Konzert-, Theaterbesuche oder Vernissagen boten Anregung und Gelegenheit zu geselligem Beisammensein mit den Gleichgesinnten. Überdies schuf der Kontakt mit professionellen Kunstschaffenden die Möglichkeit, die eigenen Festlichkeiten mit attraktiven Gästen anzureichern. Nicht zuletzt bot das bürgerliche kulturelle Leben den Bürgerinnen eine Sphäre, in der sie gleichberechtigt neben den männlichen Bürgern agieren konnten. In diesem Rahmen durften und sollten Bürgerfrauen eigenen Sachverstand und dem weiblichen Wesen nicht widersprechende Kompetenzen belegen. Hier waren die Grenzen der Geschlechterrollen weit gesteckt und durchlässig. Ob bewusst inszeniert oder als Element des eigenen Lebensstils einfach gepflegt: Die Präsentation von Kunst und Kultur schuf darüber hinaus die Möglichkeit zum Abstecken sozialer Grenzen. Kunstsinn und -pflege belegten qualitätsvolle Bildung und Geschmackserziehung gegenüber unterbürgerlichen Schichten und schufen auch eine sichtbare Grenze gegenüber denen, die „dazu" gehörten, aber eigentlich nicht über die passenden finanziellen Mittel verfügten. Denn der Unterhalt einer eigenen Hausbibliothek oder das Sammeln von Kunstwerken und Antiquitäten kostete beträchtliche finanzielle Mittel und erforderte passende Räumlichkeiten, die keineswegs allen Bürgerfamilien zur Verfügung standen.

Folgt man den Briefen Emilie Büchers, dann gingen die Kollegengattinnen mit und ohne ihre Männer gemeinsam ins Theater und zu Konzerten. Wenn irgend möglich, besaß man feste Plätze in den Spielhäusern des eigenen Wohnortes. *Wir waren im Gewandhauskonzert* [...] *Weißt ganz vorn auf dem Mittelbalkon, die Zielscheibe aller Blicke. Man muss die Plätze mit 90 M (bezahlen), hat aber das Vorrecht auf diesen himmlischen Platz, neben dem Höchstkommandierenden u.*[nd] *Gattin, dem Oberreichsanwalt etc.* (Wagner-Hasel, 2011, 111). Dazu gehörten auch die Visite im Museum, die Mitgliedschaft im Kunstverein und der Besuch von Gastvorträgen, bei denen „man" sich traf. „Man" schaute aber auch beim Platzkonzert oder auf der Kirmes vorbei. Das alles konnte das Familienbudget durchaus strapazieren. Waren die Kosten nebensächlich, dann nutzte man sogar das Kulturprogramm anderer Städte. *Warum sehen Sie sich eigentlich Oberammergau nicht an und wüten einmal gegen diese Prostitution höchsten Christentums?*, so beispielsweise Hedwig Pringsheim. *Es wäre doch ein ganz guter Stoff. Nachher gingen wir ins Regentheater und soupirten dann in der Oden-Bar mit den Rheinhard-Leuten. Na?? Ganz so ausgelassen geb' ichs ja in der Regel nicht, aber in der Oden-Bar mit den Rheinhard-Leuten habe ich weiß Gott einmal soupiert. Das war nach ‚Christina's Heimreise', wo wir mit meinen Dernburgs waren (Ilse wohnte eine Woche bei uns). Und deren intimer Liaison mit dem Deutschen Theater gelangten wir dann in den erlauchten Kreis. Hoffmannsthal hat kein Meisterwerk geleistet, sondern ein unerlaubt schwächliches, das zudem noch dem schlimmsten, nämlich dem genrennuyeux angehört. Und Madam Reinhard-Heins ist ja auch man bloß hübsch* (Pringsheim, 2008, 109). In der unterhaltenden Schilderung und Kommentierung kultureller Events brillierte Hedwig Pringsheim. Hieraus schöpfte sie den Erzählstoff in den Briefen, die sie mit manchen Größen der deutschen Kulturszene verband. *Ich hätte Ihnen Rom* [...] *von Herzen gegönnt*, schreibt sie an Maximilian Harden, dem berühmten Herausgeber der Zeitung *„Die Zukunft"*, *und wenns Rom nicht sein konnte, wenigstens Nürnberg mit den netten Pringsheims. Straußens ‚Salome' würde Sie zwar kaum gereizt haben, denn die können Sie ja in Berlin – oder in Dresden wenigstens – sehr viel besser haben. Und mir hat sie keinen Eindruck gemacht, ich finde Wilde's mit der Eysold viel, viel beduselnder; was mein Alfred ist, der war ja über die Musik, die gar keine Musik mehr sei, ganz außer sich vor Entrüstung, während Heinz, der ja der jungen Generation angehört, von reger Begeisterung erfüllt war: Klaus kam auch, auf dem Weg von Wien zum Musikfest in Essen* [...] *Dann sahen wir in Meßthalers ‚Interim Theater' Wedekind ‚Totentanz'* *und ‚Hille Bobbe'. Was soll man aus diesem Wedekind machen? Hat er sich einen frechen Witz erlaubt? Dazu ist das Stück nicht amüsant genug. Es ist nämlich langweilig. Stellt es wirklich eine Lebensanschauung vor? Dann ist es misslungen, denn es hebt sich am Schluss auf. Ne, lieber Wedekind, das geht nicht, so grün sind wir nicht mehr, um diesen blauen Dunst ernst zu nehmen. Sehr niedlich übrigens, zwei Stücke hintereinander, in denen das Bordell – pardon – als moralische Anstalt heilig gesprochen wird.* (Pringsheim, 2008, 45 f.). So viel Liberalität in Sachen Kultur war allerdings nicht üblich. *Das Theater war durch meines Mannes Fürsorge uns häufiger zugänglich,* erzählt Hedwig Heyl. *Ich genoss die klassischen Stücke mit Leidenschaft, und vieles ging mir auf, was mir beim Lesen nicht verständlich – besonders Shakespeare, der mich in der Form beim Lesen abstieß. – Nur ein Theater blieb uns verschlossen, das Residenztheater, weil damals Lindau durch die Übersetzung französischer Ehedramen, die dort aufgeführt wurden – einen Stoff nach Berlin trug, der gar nicht zu uns passte. Wir hatten ein Ehescheidungsgesetz – was in Frankreich fehlte, und all diese ungesunden Auswüchse entschuldigen konnte. – Die Ehe war meinem Mann so heilig, dass er es nicht ertrug, wenn Unlauteres in diese Institution hineinklang – und so habe ich französische Stücke nach Jahren erst in Paris kennengelernt* (Heyl, 1925, 21). Nicht nur die Moral, auch der Geldbeutel setzte in engeren finanziellen Verhältnissen dem Theaterbesuch Grenzen.

Lesen indes erforderte geringere materielle Ressourcen. *Die Welt der Literatur (diente) dazu, von Zeit zu Zeit der Realität zu entfliehen, Reisen in Phantasiewelten auf dem Kanapee zu genießen. Doch nicht nur zum zeitweiligen Eskapismus verhalf die Bücherwelt. Belesenheit galt als untrügliches Zeichen von gebildeter Bürgerlichkeit* (Budde, 2009, 61). Und so mischen sich in den Briefen von Bürgerinnen an gebildete Freunde beständig die Nachrichten über familiäre Ereignisse mit den Berichten über das, was man gerade las. Der Lesestoff spielte schon in der Kindheit eine große Rolle. Gertrud Alexander, die, von Clara Zetkin autorisiert, 1927 eine erste Biografie der Führerin der proletarischen Frauenbewegung verfasste, zeichnet das Bild einer Lesewütigen schon in der Kindheit: Sie *liest oft, wenn ihr die Lampe entzogen wurde, beim Feuerschein der offenen Herdtür. Bis zu ihrem neunten Jahre hat sie das meiste von Schiller und Goethe und die Iliade, bis zum elften Jahre viel von Shakespeare, Byron und Dickens gelesen. Drei Bücher waren von größtem Einfluss auf ihre Entwicklung – sie fand sie in der Bodenkammer: eine Geschichte der Schweizer Befreiungskämpfe und die Geschichte der französischen Revolution,* [...] *Sie lebt ganz in dieser historischen Welt revolutionären Heldentums, trägt sie in die Spiele mit der Dorfjugend, erlebt sie im Spiel, ‚hundertmal' – erzählt sie – ‚bin ich damals wohl als Arnold von Winkelried gestorben. Im Bücherschrank des Vaters findet sie Geschichten aller kirchlichen Erhebungen gegen das Papsttum mit vielen Märtyrerbildern* (Alexander, 1927, 4). Später, während des Besuchs des Lehrerinnenseminars, kam bei der Sozialdemokratin in spe die Lektüre von Lassalle, Schultze-Delitsch und sozialpolitischer Romane hinzu. Aber auch die erwachsenen Bürgerinnen hielten an der Wertschätzung des gedruckten Worts fest. *Ich studierte täglich die einschlägige Literatur*, berichtet Hedwig Heyl in ihrer Autobiografie. *Botanik, Zoologie, das Schädlersche Buch der Natur, die aus dem Englischen übersetzten Bücher von Darwin und Huxlay, dann Bölsche, Cohn – außerdem die medizinischen Veröffentlichungen, die Presse der Frauenbewegung, die Politik – auch Rubners Arbeiten und eine Fülle von Schriften meiner Freunde* (Heyl, 1925, 37). Lesen ermöglichte darüber hinaus Bürgerinnen, sich eine kulturelle und wissenschaftliche Welt zu erschließen, die ihnen sonst nicht offen stand. *Weißt Du ich habe mir immer gewünscht ein Mann zu sein, recht viel zu lernen und immer nur studieren und studieren zu können*, schreibt 1879 die 20-jährige Marie Witt an ihren späteren Ehemann Gustav Wegner. *Du kannst dir gar nicht denken wie schwer es mir oft wird die häuslichen Geschäfte zu besorgen, ich kann oft weinen, wenn ich an einem Tage nicht zum lesen oder musizieren komme* (Bettin, 2003, 181). Margarethe von Ende, später Ehefrau von Friedrich Alfred Krupp, nutzte in ihrer Gouvernantenzeit den Kontakt zum Theaterintendanten Dessaus, von Norman. *Er speist täglich an der Hoftafel, und um ganz und voll zu verstehen, was ‚kluge Männer sprechen', vertieft sie sich in die von ihm empfohlenen Bücher über Kunst und Literatur* (Friz, 2009, 99). Und so ließ sich Auguste Hauschner, vermögende Witwe, Autorin und Kunstmäzenin, in Sachen Lesestoff noch 43-jährig von ihrem Vetter Fritz Mautner beraten und maßregeln: *Mit Deinem Bücherhunger bringst Du mich in Verlegenheit und auf das Thema unseres letzten Gesprächs scheinst Du ein wissenschaftliches Werk zu verlangen. Und das möchte ich Dir nicht in die Hand zwingen, da ich Dich nicht gegen Deinen Willen zu ernsthafter Arbeit verlocken möchte. Meine Ansicht ist allerdings, dass: wer öffentlich schreibt, ungefähr auf der Höhe der Bildung seiner Zeit stehen müsse, sowie jemand, der anderen auf den Kopf spucken will, eben auch oben stehen muss* (Beradt/Bloch-Zavřel, 1929, 32).

... und Mäzenatentum

Das Mäzenatentum ist einerseits eine politische Erscheinung, heißt es in einem Artikel der Zeitschrift „Kunst und Handwerk“ Ende des 19. Jahrhunderts. *Es ist der künstlerische Ausdruck des Reichtums. Da aber der Reichtum ein Begriff ist, der nur in einem Gegensatze von stärkerer und schwächerer ökonomischer Kraft wurzeln kann, setzt alles Mäzenatentum wirtschaftliche Spitzen der Gesellschaft voraus [...] Ein einzelner wahrhafter Mäzen vermag für Generationen seiner Nation, und seinem Wohnsitze für Jahrhunderte das Gepräge seines künstlerischen Strebens aufzudrücken. Oft weniger durch beständigen Kultus der anerkannten Meisterschaft, als durch das Finden der Talente, durch das Bahnbrechen für neue Richtungen* (Haushofer, 1897/98, 41 f.). Vermögende Bürger und Bürgerinnen betrachteten es als gern zu leistende Pflicht, „armen“ Künstlern finanziell unter die Arme zu greifen. In Berlin bekannt war beispielsweise die Fabrikantengattin und Schriftstellerin Auguste Hauschner. Sie war vermögend, bis ihr die Inflation in der Weimarer Republik den Reichtum vernichtete. Gerühmt wurde sie von vielen ihrer häufig jüngeren Freunde und Kunstschaffenden wegen ihrer Freigiebigkeit und ihrer wohlwollenden Unterstützung. *So lebte sie mit fast unbeschränkt vielen Menschen aller Alter, aus allen Lagern der Kunst. In den besten ihrer fünf Zimmer* [...] *saßen* [...] *viele Schriftsteller der letzten fünfundzwanzig Jahre, die meisten in Gesprächen von persönlicher Bekenntnishaftigkeit. Selten endeten sie anders, nach der Natur dieser Frau und auch nach der ewig gleichen der Künstler, als mit ihrer Vermittlung einer Bekanntschaft, der Zusage einer Gefälligkeit oder mit der Beschaffung von Mitteln* (Beradt/Bloch-Zavřel, 1929, 7 f.). *Die zurückhaltende Frau*, schreibt Max Brod, *war in aller Schlichtheit eine Meisterin des Gesprächs. Bei ihr habe ich Gustav Landauer und Jakob Schaffner kennengelernt, beide ihre bevorzugten Schützlinge, zwei sehr entgegengesetzte Naturen* [...] *Und nicht nur an diese beiden, auch an viele andere, die ganz entgegengesetzten (mystischen und nationalen) Strömungen angehörten, verteilte Auguste Hauschner die Gunst ihrer empfänglichen und doch auch verschlossenen Seele* (Brod, 1979, 51). Sie nützte ihre gesellschaftlichen Kontakte speziell, um jungen Malern und Dichtern zu helfen. *Einmal war es Max Liebermann, an den sie sich wandte, ein anderes Mal Maximilian Harden* (Teufel, 1991, 60). Über viele Jahre hinweg unterstützte sie den Schriftsteller und Anarchisten Gustav Landauer, der bei der Niederschlagung der Münchner Räterepublik 1919 ermordet werden sollte. So vermittelte sie ihm die Möglichkeit im Berliner „Lyzeum-Klub“, der renommierten Vereinigung „gebildeter" Bürgerinnen, Philosophievorträge zu halten. Sie selbst nahm mit anderen Damen in der Folge privat bei ihm Philosophiestunden. Aber ihre finanziellen Zuwendungen an die Familie Landauer gingen weit über die Bezahlung von Unterrichtsstunden hinaus. *Wäre sie ein Mann gewesen, so hätte sie Verhältnisse bewegt, Zustände untergraben oder stürzen helfen, die neue Weltreform mit aufgebaut. Als Frau war sie überall mit dabei, kannte sie alle, die das taten, wovon sie träumte, ausführten, worüber sie sinnierte, und oft etwas ganz anderes ans Licht brachten, als was sie erwartet hatte oder billigen konnte* (Beradt/Bloch-Zavřel, 1929, 245 f.), so Jakob Schaffner anlässlich einer Gedächtnisfeier für die verstorbene Auguste Hauschner. Hier wird der Eindruck erweckt, dass die Mäzenin andere in Bereichen stützte, die ihr selbst als Frau verschlossen schienen. Ob der zeitgenössische Kommentar die Aktivitäten der Gefeierten auf das Schickliche zurückstutzen musste oder ob sich Auguste Hauschner selbst so verstand, muss offen bleiben. Sie selbst hat sich diesbezüglich nicht geäußert. Doch es lag ihr am Herzen, dass die (Dankes-)Briefe der von ihr Geförderten der Öffentlichkeit zugänglich gemacht werden. Anscheinend war es ihr wichtig, das eigene Mäzenatentum in den Worten der Unterstützten lebendig zu halten. Sie trat als Mäzenin insbesondere in ihrer Witwenzeit hervor, in denjenigen Jahren, in denen sie selbst über ihre finanziellen Mittel verfügte. Mäzenatentum zu Lebenszeiten des Ehemannes wird in der Literatur meistens diesem gutgeschrieben, ohne dass erörtert wird, wer in der Familie die zu fördernden Künstler auswählte.

Bild 5: Auguste Hauschner (1850–1924), Salonnière, Schriftstellerin und Mäzenatin.

Vermögende Bürgerhäuser vergaben nicht selten Aufträge an die Sternchen und Stars der Kulturszene. Familienporträts, gemalt vom Münchner *Malerfürsten* Franz von Lenbach oder von Friedrich August von Kaulbach sind von Hedwig Dohm und den Pringsheims überliefert. Das Elternhaus Alfred Pringsheims in Berlin war von dem zeitgenössisch bekannten Maler Anton von Werner ausgestattet worden; das Haus von Alfred und Hedwig Pringsheim in München adelte Hans Thoma mit einem Fries. Als Mäzene für den Bau des Richard-Wagner-Festspielhauses in Bayreuth geworben wurden, kauften die Pringsheims (Vater und Sohn) die ersten Anteilscheine. Friedrich Alfred Krupp unterstützte den Maler Wilhelm Immenkampf finanziell während seines Kunststudiums, und auch nach seinem Studium wurde dieser durch Bildkäufe und Geldgeschenke subventioniert. Da Margarethe Krupps Bruder Felix von Ende selbst zu den nicht unbekannten Malern des Kaiserreiches zählte, war die Nähe zur Kunst ohnehin verwandtschaftlich untermauert. Für die Villa Hügel wurden Gemälde der Münchner und Berliner Sezession angeschafft. Franz von Lenbach, Josef Scheurenberg, Ernst Schurth, Ludwig Noster und Bruno Piglhein, allesamt zeitgenössisch bekannte Maler, erhielten Porträtaufträge. Gemälde wurden auch für Museen aufgekauft und nicht selten verwandten sich die einflussreichen Krupps für Künstler in ihrem eigenen gesellschaftlichen Kreis. *Umgekehrt profitierte auch Krupp davon, dass sein Schwager als Maler zugleich auch Experte für den Kunstmarkt seiner Zeit war. Als Ankäufer, Gutachter und Vermittler sondierte er das Angebot auf Kunstausstellungen, Auktionen und bei Kunsthändlern, schätzte Preise ein, beriet in allen Fragen der handwerklichen und künstlerischen Qualität, beurteilte Künstlerkollegen und stellte persönliche Kontakte her* (Pielhoff, 2010, 123). Auch auf kommunaler Ebene erwiesen sich die Krupps als bedeutende Förderer des kulturellen städtischen Lebens. Jährlich wurde das städtische Theater mit 10 000 Mark subventioniert, mit 180 000 Mark trug man zum Neubau des städtischen Konzertsaales bei. Margarethe Krupp übernahm häufig größere Kartenkontingente für Wohltätigkeitskonzerte und verteilte diese, so etwa für das jährliche Benefizkonzert zugunsten des städtischen Opernchores. Fazit: Es handelte sich bei Mäzenatentum um eine Tätigkeit, *wo ein oder der andere glänzende Erfolg nie ausbleibt und aufs reichste für die ja wohl auch vorkommenden Fälle unfruchtbarer Ausbeutung entschädigt* (Haushofer, 1897/98, 42).

Christliche und soziale Pflichten

Seit der Begründung des Christentums galt die Armenpflege als eine von Religion und Moral diktierte Pflicht, an deren Erfüllung Frauen lebhaftesten Anteil nahmen. [...] Der Umfang der freiwilligen Frauenvereinsarbeit, die im Rahmen der Kirchengemeinden der Armenpflege gewidmet ist, ist ein bedeutender, nicht übersehbarer, schreibt Alice Salomon 1901 in einem Überblick über die „Frau in der Armen- und Waisenpflege" (Handbuch der Frauenbewegung II, 1901, 7, 10). Armut war kein spezifisches Problem des Wilhelminischen Kaiserreichs. Soziale Not, bedingt durch Arbeitsunfähigkeit, Krankheit oder hohes Alter kannten selbstverständlich alle vorausgegangenen Epochen. In der Frühen Neuzeit trugen Seuchenzüge und Missernten, auch Kriegsfolgen das Ihrige dazu bei, situativ die Armut breiter Bevölkerungskreise zu vergrößern. Während des 19. Jahrhunderts zeichnete sich dann mehr und mehr ab, dass das althergebrachte Wirtschaftssystem nicht mehr in der Lage war, ausreichend Arbeitsplätze und Einkommen für alle zur Verfügung zu stellen. Traditionell und weit ins 19. Jahrhundert hineinreichend war die Armenversorgung durch ein Mischsystem von kommunaler und kirchlicher Fürsorge gewährleistet worden. Zu den vornehmen Aufgaben gerade auch der Bürgerin gehörte es, sich im christlichen Sinne für die Armen zu engagieren. Schon das *Kinderherz* wurde dazu angehalten, den *Liebestaten* Christi nachzueifern, erinnert sich Hedwig Heyl. Sie lernte im frühen Kindesalter *die ersten Kleider für die Negerkinder nähen* und *verstehen, dass man als Christin auch gut handeln müsse. Keine nur irgend sich bietende Gelegenheit dazu ließ ich mir entgehen – ob ich mich selbst meiner Schürze beraubte, um ein zerlumptes Kind auf der Straße damit zu kleiden, oder mit Konzertbillets für einen kranken Musiker handeln ging – Flicken sammelte und verkaufte, um armen Kindern eine Freude zu bereiten – alles schien mir natürlich und glückversprechend* (Heyl, 1925, 3). Selbstverständlich ging beispielsweise auch die 12-jährige Margarethe Krupp, geb. von Ende (1854–1931) mit ihrer Mutter *in Leinenkleidern, einen Schleier über den Mund gebunden* zu den Kranken und Sterbenden in den Krankenhäusern und Lazaretten, als in Breslau 1866 die Cholera wütete (Friz, 2009, 43). Es ist eine Krankheit, von der man noch nicht wusste, wie sie übertragen wird, umso (todes-)mutiger ist der soziale Einsatz der Damen von Ende zu bewerten.

Religiös motivierte Mildtätigkeit und das Selbstverständnis der stadtbürgerlichen Gemeinschaft, die als Gesamtheit für die armen Gemeindemitglieder eintrat, gingen häufig Hand in Hand. Allzu großzügig versorgte man die Anspruchsberechtigten wohl meistens nicht, doch das Amt des Armenpflegers, desjenigen Bürgers, der das Armenwesen organisierte, galt als geachtetes Ehrenamt. *Wir fühlen die Aufforderung in uns, unsere Nebenmenschen von Übeln zu befreien, aus welchen sie allein sich nicht helfen können, wir geben oft dadurch Familien einen der Ihrigen wieder; wir setzen dadurch oft Menschen in den Stand, die Mittel zu ihrer und der Ihrigen Ernährung zu erwerben, mit welcher sie sonst ihrer Gemeinde zur Last fallen würden, wir erhalten oft dadurch der Gemeinde und dem Staate nützliche Mitglieder, die ohne unser Zutun ihrem Elende erliegen würden; und endlich verhüten, oder vermindern wir wenigstens, durch dieselbe Verbreitung ansteckender Krankheiten.* Dieses Zitat zur Armenkrankenpflege Berlins im Jahr 1820 veranschaulicht die Mischung aus bürgerlichem Sozialpathos und pragmatischer Kosten/Nutzen-Rechnung, die wohl charakteristisch war für das stadtbürgerliche Selbstverständnis in Sachen Armenversorgung. Es lag dabei im Interesse der gemeindlichen Selbstverwaltungsorgane, den Kreis der Versorgungsberechtigten möglichst klein zu halten. Ortsfremde schickte man im Krankheits- oder Armutsfall zurück in ihre Herkunftsgemeinden. Dem stand das Interesse der Landesregierungen gegenüber, eine Armenversorgung für die ganze Bevölkerung einzurichten. Während der Industrialisierung begannen sich die Probleme zuzuspitzen. Städte, die gestern noch eher Dörfer gewesen waren, erlebten plötzlich den Zuzug einer schier nicht zu überschauenden Zahl von Arbeitern und Arbeiterinnen. Doch jede Konjunkturkrise brachte Arbeitslosigkeit mit sich und entsprechenden Druck auf die kommunalen Hilfskassen. Der Staat trotzte den Kommunen ein Armenrecht ab, das zumindest diejenigen, die mehr als zwei Jahre in den Gemeinden lebten, in den unterstützungsberechtigten Kreis aufnahm. Doch was sollte aus denjenigen Arbeitslosen oder Kranken werden, die weniger als zwei Jahre in der Stadt wohnten? In den einzelnen Ländern des Deutschen Bundes und später des Deutschen Reiches setzte die Obrigkeit mehr und mehr auf ein umfassendes System staatlich geförderter bzw. koordinierter privater Wohlfahrtsvereine und bediente sich dabei explizit der Frauenvereine. Die ehrenamtliche soziale Vereinstätigkeit eröffnete bürgerlichen Frauen ein reichhaltiges wohl beleumundetes Betätigungsfeld und ersparte ganz nebenbei dem Staat Kosten. In der Regel von den Landesmüttern und dem Hofadel geführt, entwickelten etwa der „Vaterländische Frauenverein" im Königreich Preußen oder der „Badische Frauenverein" im Großherzogtum Baden ein umfassendes privates Wohlfahrtssystem, das alle Bereiche später vom öffentlichen

Fürsorgesystem übernommener sozialer Hilfstätigkeit umfasste. Gegründet wurden Krankenpflegevereine und Kinderbewahranstalten. Wohltätigkeitsbasare wurden abgehalten zur Finanzierung von sozialen Projekten. Großküchen, ehrenamtlich von Bürgerinnen organisiert, sollten die Arbeiterschaft mit preiswertem warmen Essen versorgen, Nähanstalten armen Frauen einen Zuverdienst verschaffen und Wöchnerinnenasyle eine kostenlose Entbindung ermöglichen. Die lokalen Zweigvereine lebten im Wesentlichen vom finanziellen und ehrenamtlichen Engagement ihrer weiblichen Mitglieder aus den sogenannten besseren Familien. Meist führten vor Ort die Ehefrauen der höheren Staatsbeamten die staatsnahen Wohlfahrtsfrauenvereine. Auch die Mutter von Margarethe Krupp genoss oder erlitt dieses Privileg. Wenn die Fürstin rief, mochte oder konnte keine der Damen zurückstehen. Von hier aus führt eine direkte Linie zur sich allmählich überall durchsetzenden Einbindung von Frauen in die kommunale Wohlfahrtsarbeit. Ende des 19. Jahrhunderts war klar, dass die Kommunen auf eine Frauenbeteiligung an der Armenbetreuung nicht mehr verzichten konnten.

Die zuerst staatlich geförderte private weibliche Liebestätigkeit im sozialen Verein, dann von den Professionalisten der Armenverwaltungen zunehmend befürwortete, vorderhand ehrenamtliche, schließlich auch bezahlte Beschäftigung von Frauen in den kommunalen Armenversorgungssystemen um die Jahrhundertwende kam letztlich auch den Bürgerinnen in ihren ureigenen Anliegen zugute. Soziale Liebestätigkeit stellte ein Übungsfeld für öffentliches Auftreten von Frauen aus gehobenen Kreisen dar. Moralisierenden ehrenamtlich tätigen Amateurinnen folgten gut ausgebildete Krankenschwestern und Fürsorgerinnen nach. Schließlich mündete weibliche Sozialarbeit erfolgreich in den Bestrebungen der bürgerlichen Frauenbewegung ein, die Beteiligung von Frauen am kommunalen Wahlrecht und an der kommunalen Selbstverwaltung einzufordern sowie akademisch ausgebildeten Männern vorbehaltene medizinische Berufsbastionen für Frauen zu öffnen. Und so gehörte mit zu den ersten kommunalen Ämtern, die Frauen übernehmen konnten, das Amt der Armenpflegerin. Auch Marie Wegner war mit diesem kommunalen Ehrenamt betraut. Ihre diesbezüglichen Erfahrungen publizierte sie 1908 als eine Anleitung zur Armen- und Waisenpflege. *Die Verfasserin war seit 1900, mit kurzen, durch Verzug veranlassten Unterbrechungen, selbst Armen- und Waisenpflegerin in einer kleinen Stadt (Glogau 25 000 Einw.), in einer Mittelstadt (Düsseldorf 200 000 Einw.) und in einer Großstadt (Breslau 485 000 Einw.)*, schreibt sie im Vorwort. *Sie hat in allen 3 Städten mitten in der Bewegung gestanden, die der Anstellung der weiblichen Pfleger vorauszugehen pflegt und hofft, durch vorliegende Schrift dem ihr wiederholt ausgesprochenen Wunsche nach einem kurzen Leitfaden für die weibliche Tätigkeit in der öffentlichen Armenpflege entgegenzukommen* (Bettin, 2003, 18).

Fürsorgliche Belagerung und soziale Hilfstätigkeit im Dienste der Nation

Weibliche Nächstenliebe, in kirchlichen und privaten Vereinen organisiert, dann in die kommunale Armenfürsorge eingebunden, stellte einen bedeutenden Transmitter dar, um bürgerliche Werte und Normen, Vorstellungen über rechte Lebensweise, Arbeitsdisziplin und Sittlichkeit auch in unterbürgerlichen Schichten zu verankern. Mit *fürsorgliche*[r] *Belagerung* hat Ute Frevert die erzieherischen Maßnahmen charakterisiert, die in Verbindung mit den Liebesgaben kostenlos verabreicht wurden (Frevert, 1985). Spürbar ist diese Mischung häufig schon in den Satzungen der Wohlfahrtsvereine. *Wir* [...] *erkennen die Notwendigkeit und die Bedeutung einer Verständigung der berufenen Organe über die gemeinsame Aufgabe einer Armenpflege an, welche den Forderungen der Nächstenliebe entspricht und die Befestigung der gesellschaftlichen Ordnung anstrebt, indem sie den wirklich Hilfsbedürftigen in der rechten Weise und mit den geeigneten Mitteln wirksam Hilfe gewährt* (Handbuch der Frauenbewegung II, 1901, 24), heißt es beispielsweise in einer 1880 verabschiedeten Resolution der staatsnahen „Vaterländischen Frauenvereine". Bürgerliche Anschauungen über Wohnungsgestaltung, Disziplin und Arbeitsfleiß durchziehen die gutgemeinte Ratgeberliteratur. *Die einfache Häuslichkeit gewinnt an Reiz, wenn sie zu allen Jahreszeiten mit lebenden Blumen geschmückt ist,* schwärmt beispielsweise Hedwig Heyl in einem Haushaltungslehrbuch. *Blumenpflege kann das Verständnis für Pflege aller lebenden Wesen erschließen. Sie erzieht zu Pflichtbewusstsein, weil eine Unterlassungssünde sofort an den Pflanzen bemerkbar ist,* [...] *Blumenpflege ist in den einfachsten und sonst freudearmen Verhältnissen eine Quelle von Freude und Interessen* (Heyl 1905, 141). Am realen Wohnungselend proletarischer Familien, die nicht selten vielköpfig nur ein Zimmer zur Verfügung hatten, mögen solche Belehrungen vorbei gegangen sein.

Auch die zahlreichen sozialen Unterstützungsmaßnahmen, die Unternehmergattinnen für die Belegschaft der eigenen Firmen organisierten, entsprachen einerseits dem sozialen Selbstverständnis der Wirtschaftsbürgerinnen, sie dienten aber auch andererseits dazu, die Loyalität zwischen Arbeiterschaft und Unternehmensführung zu stärken. Auf der einen Seite kämpften die Firmenleitungen vehement gegen die gewerkschaftliche Organisation der Arbeiter. Schwarze Listen von Gewerkschaftsmitgliedern kursierten. Streikaufrufe wurden mit Gefängnis bestraft und Lohnkämpfe kriminalisiert. Friedrich Alfred Krupp avancierte gar zum Feindbild der Sozialdemokratie, als er in einem Memorandum an den Kaiser drohte, die Firmenleitung niederzulegen, wenn seine Majestät die sozialdemokratische Forderung nach Arbeiterkomitees in der Großindustrie akzeptiere. Auf der anderen Seite milderte die Unternehmergattin nicht selten im persönlichen Kontakt akute soziale Not in den Familien der Belegschaft. *Im Herrenzimmer stand ein Schrank voll Wolle in allen Farben. Abends hat Frau Krupp dann gestrickt und gehäkelt für arme Leute und hat Stoff abgemessen und eingepackt für all die armen Familien, welche sich schriftlich an Frau Krupp gewandt hatten* (Friz, 2009, 216). Und weiter heißt es über die Ehefrau des Großunternehmers: *Frau Marga ist bald heimisch bei den Kruppschen Beamten und überhaupt bei den Essener Bürgerinnen [...] sie interessiert sich für alles, von den Sorgen des Haushalt an bis zu ihren geistigen Bedürfnissen und Nöten, erteilt auch mit Vorliebe Ratschläge bei der Erziehung der Töchter* (ebd. 213). Wer so vermögend war wie die Krupps, bescherte jedes Jahr zu Weihnachten hunderte von Arbeiterfamilien. *Es gab einen Karton mit Wäsche und Kleidung und einen mit Lebensmitteln, wo eine Familie monatelang mit auskommen konnte. Ferner wurden jedes Jahr zu Weihnachten 60 arme Kinder vollständig eingekleidet, und sie durften die für sie in der großen Halle veranstaltete Weihnachtsfeier miterleben. Kleine Tische waren gedeckt, für jedes Kind Spielzeug, ein großer Teller mit Gebäck, Süßigkeiten, Feigen, Nüssen und ein großes langes Weißbrot von fünf Pfund, extra fein gebacken mit viel Rosinen* (ebd. 217).

Auch der zahlreichen Dienstboten des Hauses wird zu Weihnachten ausführlich gedacht. *Vier Wochen vor Weihnachten hatte das Personal wöchentlich Gesangstunde und übte vierstimmig schöne Weihnachtslieder für Heiligabend. Um fünf Uhr begann die Bescherung in der oberen Halle. Zwei hohe Weihnachtsbäume, einer bunt und einer silberweiß geschmückt, strahlten im Lichterglanz, und dann sah man herrliche lebensgroße Gemälde von Kaiser Wilhelm und der Kaiserin und den Herrschaften selbst. [...] Das weibliche Personal bekam Wäsche, ein Geldgeschenk und 30 Lot Wolle, Frau Krupp liebte sehr, wenn die Mädel alle abends nach Feierabend in unserem gemeinsamen Zimmer fleißig nähten und stickten für unsere Aussteuer* (ebd. 219). Ihren Höhepunkt erleben die wohltätigen Gaben der Unternehmerwitwe anlässlich des generationellen Wechsels in der Firmenleitung. *Mit der Übergabe der Firma an den Schwiegersohn hat sich Margarethe Krupp gleichzeitig ein neues sozialpolitisches Betätigungsfeld gesucht, das große Bedeutung für die Imagepflege des Familienunternehmens Krupp gewinnen sollte. Eine Million Mark ließ sie sich die Gründung der ‚Margarethe Krupp-Stiftung für Wohnungsfürsorge' kosten, mit der sie den Grundstein für die nach ihr benannte Wohnsiedlung Margarethenhöhe legte* (Schaser, 2010, 201). Auch andere wohltätige Einrichtungen wurden von ihr unterstützt, so zum Beispiel das „Margarethenheim in Baden-Lichtenthal zur Aufnahme von mittellosen, alleinstehenden, erwerbsunfähigen Damen der gebildeten Stände zu dauerndem oder zeitweiligem Aufenthalt". *Mit der Fertigstellung von 126 Häusern auf der Margarethenhöhe und der 100-Jahrfeier der Firma Krupp, die (historisch nicht ganz korrekt) auf den hundertsten Geburtstag von Alfred Krupp 1912 gelegt wurde, und der Enthüllung eines bronzenen Denkmals für Friedrich Alfred Krupp auf dem Limbecker Platz in Essen, der Errichtung eines ‚Margarethen-Brunnens' auf dem Marktplatz der Margarethenhöhe sowie der Verleihung der Ehrenbürgerschaft der Stadt Essen an Margarethe Krupp wird deutlich, dass sie nicht nur die Erinnerung an Friedrich Alfred Krupp wach hielt, sondern ihr ein großer Anteil an der gelungenen Imagepflege des Unternehmens zuzurechnen ist* (ebd. 201).

Bild 6: Margarethe Krupp (1854–1931), Unternehmerehefrau und soziale Wohltäterin, mit den Töchtern Bertha und Barbara 1891.

Nicht selten mündete die in wirtschaftlichen Krisen oder Seuchenperioden geborene private Hilfstätigkeit bürgerlicher Damen und die Fürsorge gegenüber den Untergebenen in soziale Vereinstätigkeit ein. Mehr und mehr wurde sie als weiblicher Beitrag zur Entwicklung der Nation verstanden. Die Unternehmergattin Hedwig Heyl beispielsweise entwickelte ein unterstützendes Erziehungssystem für die Arbeiterschaft der Fabrik quasi von der Wiege bis zur Bahre. *Besonders bei meinen Arbeiterfrauen fand ich eine so unglaubliche Unwissenheit und Unklarheit, dass ich die gesamte Säuglingspflege der Fabrikkinder in die Hand nahm und viele Jahre nicht nur die Wöchnerinnen verpflegte, sondern die Frauen unterrichtete, mit Utensilien zum Päppeln versah oder die Nährenden mit geeigneten Nährmitteln unterstützte*, berichtet sie in einem Vortrag. *Heute ist aus diesem persönlichen Anfang ein großer Verein geworden, welcher über ganz Charlottenburg verbreitet ist und unter meiner Leitung Hauspflege übt. Derselbe wurde Ausgangspunkt für die Konzentration der gesamten Armenpflege in Charlottenburg, welche als Zentrale und Muster für Städte ähnlicher Größe wirkt, während der Gedanke der Hauspflege in einem großen Verband über Deutschland propagiert wird, zu dessen Vorsitzenden ich erwählt wurde* (Hopffgarten 1920, 52). Zu den sozialen Gründungen Hedwig Heyls gehört auch das Jugendheim auf dem Gelände der eigenen Fabrik. Es wurde anlässlich des 50-jährigen Bestehens des Unternehmens eröffnet. Alle schulpflichtigen Söhne der Fabrikarbeiter waren eingeladen, die Einrichtung zu nutzen. Nach der Erledigung der Hausaufgaben erteilen ihnen Handwerker Unterricht in unterschiedlichen Handwerken. *Sie flicken ihre eigenen Schuhe und Kleider und fertigen an, was im Jugendheim gebraucht wird, ebenso alle Tüten für die Farbenproben der Fabrik. Außerdem bearbeiten sie den großen Garten, modellieren und zeichnen. [...] Es ist Herrn und Frau Heyls Hauptwunsch, die besondere Beanlagung der einzelnen Knaben zu erkennen und sie in einen festen Beruf zu bringen, der ihrer Neigung entspricht. Einige Knaben sind Tischler geworden, weil sie dazu am meisten Geschick hatten; sie arbeiten jetzt für die Fabrik* (Germershausen, 1920, 66). Und die der bürgerlichen Frauenbewegung nahestehende Angehörige des Wirtschaftsbürgertums resümiert: *Diese Art Volkserziehung als Ergänzung der Volksschulen hatte sich mir als unabweisbare Notwendigkeit bei der Entwicklung des maschinellen Fabrikwesens aufgedrängt, das die praktische Erziehung der Arbeiterschaft sehr benachteiligt. Ich sah die Männer bei ihrer einseitigen Arbeit verdummen und ungeschickt und ungewandt werden ihrem eigenen häuslichen Anwesen gegenüber. Unordnung oder teure Wirtschaft griffen*

Platz, umso mehr als die Frauen auch nichts konnten (Hopffgarten, 1920, 53).

Dass die soziale Liebestätigkeit an den eigenen Beschäftigten in überregionale Zusammenhänge einmünden konnte, lässt sich auch bei anderen Wirtschaftsbürgerinnen beobachten. Die Unternehmerin aus eigener Kraft, Margarete Steiff, geb. 1847, von der (wie nicht anders zu erwarten) berichtet wird, dass sie am Leben ihrer Arbeiterinnen intensiv Anteil nahm, war in höherem Alter Mitglied der „Gesellschaft für Säuglingssterblichkeit", des „Württembergischen Vereins für Knabenhandarbeit" und des „Evangelischen Arbeitervereins". In ihrem Testament sah sie eine Stiftung für arme und kranke Kinder mit einem Kapital von 3000 Mark vor. Gemessen an den Umsätzen ihrer Firma war das allerdings kein allzu großzügiges Unterfangen.

Das Fräulein

Die alte Jungfer

Niemand zu Liebe, niemand zu Last,
Ist sie erloschen und verblasst.
In ihrem Stübchen sann sie und sann
Bis ihr einsames Leben darüber verrann.
Keiner hat nach ihr die Hand ausgestreckt
Und die flügelgebundene Seele erweckt.
Keiner hat in der Sommernacht
Zu seligem Weinen sie gebracht.
Und doch flogen Locken auch ihr ums Gesicht,
Und ihre Augen glänzten jung und licht;
Und doch schlug auch ihr in verschwieg'ner Brust,
Die Sehnsucht nach Sonne und Frühlingslust.
Niemand zu Liebe, niemand zu Last,
So ist sie erloschen und verblasst

(Maria Janitschek, 1892).

‚Je länger Junggesell, je tiefer in die Höll' – sagt das Volk. Wenn es aber schon nicht gut ist, dass der Mann allein sei, dann taugt das noch viel weniger für die Frau (Riehl, 1855, 86); das wusste in der Mitte des 19. Jahrhunderts schon der konservative Historiker Wilhelm Heinrich Riehl. Zum Standardlebenslauf eines Bürgers oder einer Bürgerin hatte selbstverständlich die Eheschließung und Familiengründung zu gehören. Unverheiratete Frauen, mehr noch als unverheiratete Männer, schienen, zumindest als Geschlechtswesen, nicht voll entwickelt zu sein. „Alte Jungfern" – so die Bezeichnung für unverheiratete bürgerliche Frauen über 30 – standen in Verdacht, durch überzogene Ansprüche ihre Ehelosigkeit selbst verschuldet zu haben. *Keinen Mann zu bekommen, galt als Schande des unverheirateten Mädchens, die ‚alte Jungfer' hatte eigentlich gar keine Daseinsberechtigung, sie galt nicht nur als unnützes Geschöpf, sondern auch als Familienschande* (Pappritz, 1908, 16). Bürgerinnen, die durch familiäres Unglück materiell unversorgt waren und deshalb keine „gute Partie" machen konnten, er-

regten bestenfalls Mitleid. Aus medizinischer oder kriminalistischer Perspektive war ihnen gegenüber Misstrauen angebracht. *Hässlich, vertrocknet, unweiblich, würdelos, lächerlich, prüde und gleichzeitig kokett – die Stereotype über Charakter, Aussehen oder Lebensweise der alleinstehenden Frau waren ohne Begründung in der Sache in der gesamten westlichen Kultur des 19. Jahrhunderts verbreitet* (Kuhn, 2000, 29).

Dabei waren in der zweiten Hälfte des 19. Jahrhunderts keinesfalls alle Bürger und Bürgerinnen verheiratet. Legt man das statistische Material zu Grunde, das Lily Braun in ihrer Studie über „die Frauenfrage" 1901 veröffentlichte, dann waren lediglich 51 % der Mädchen und Frauen in einem Alter von über 15 Jahren verheiratet. Eingeschränkt auf diejenigen, die vermutlich nicht mehr zu einer Heirat kamen – auf die über 40-jährigen –, konnte die Statistik als Nachweis dafür gelten, dass 11 % dieser Altersgruppe ledig waren und wahrscheinlich auch blieben. Vermutlich waren die meisten ledigen über 40-Jährigen darauf angewiesen, ihren Unterhalt durch eigene Arbeit zu verdienen. Aber war eine Berufstätigkeit außerhalb familiärer Zusammenhänge für Bürgertöchter eigentlich denkbar? Welche Lebensperspektiven lediger älterer Frauen waren mit bürgerlicher Wohlanständigkeit überhaupt vereinbar? Die Antwort der Zeitgenossinnen fiel skeptisch aus.

Aber wie oft vergeht die Jugend, ohne dass die erwartete passende Heiratsmöglichkeit sich bietet, schreibt Elisabeth Gnauck-Kühne, *Die geselligen Freuden werden schal. Junger Nachwuchs erscheint, und damit tritt in der Gesellschaft eine langsame Entwertung des alternden Mädchens ein, die um so kränkender ist, je mehr die naive Lebensfreude der Reflektion gewichen, je reifer der innere Mensch geworden ist. Der Gedanke an die Zukunft greift Platz – bis es zur Gewissheit wird: Du hast ein Leben unfreiwilliger Selbstständigkeit vor dir. Sind Mittel da, so kann die Frau auch in reiferen Jahren noch nach pflichtmäßiger Arbeit ausschauen und sich zu einem Berufe tüchtig machen, der ihr einen Lebenszweck gibt, aber wenn es an Mitteln fehlt, wenn sie Arbeit suchen muss, nicht nur zum Lebensinhalte sondern zum Lebensunterhalte, was wird dann aus ihr?* (Gnauck-Kühne, 1895, 10).

Traditionell wies die Gesellschaft ledigen bürgerlichen Tanten, aber auch Onkeln ein Platz im Elternhaus oder Haushalt eines verheirateten Geschwisterteils zu. Doch der Mangel an sinnvoller Tätigkeit in den zumeist auch ohne Tante auskommenden Haushalten, beengte räumliche Verhältnisse, wenn es sich nicht um ein großbürgerliches Haus handelte, und die geringe Wertschätzung, die den „Sitzengebliebenen" gesellschaftlich entgegengebracht wurde, verringerten die Attraktivität dieses Lebensentwurfs beträchtlich. Im katholischen Milieu boten Klöster und Kongregationen mit weniger rigider Klausur eine Chance zu einem selbstständigen, durchaus berufsorientierten Leben. Jungfräulichkeit, in der katholischen Kirche nach wie vor als wertvoll erachtet, in Verbindung mit hochgeschätzter religiös motivierter sozialer Liebestätigkeit mochte eine Basis dafür bieten, sich nicht mit dem Bild der vertrockneten „alten Jungfer" identifizieren zu müssen. Schwerer wurde es ledigen Frauen im protestantischen Milieu gemacht. Hier gab es kaum Lebensmodelle für Ledige, die gleichermaßen wie der Stand der verheirateten Frau als wertvoll erachtet wurden. Ein Ausweg bot das Diakonissenwesen. In den 1830er Jahren gegründet, schuf die Kaiserswerther Schwesterngemeinschaft ordensähnliche Berufsmöglichkeiten für protestantische Kindergärtnerinnen, Krankenschwestern oder Lehrerinnen. Sowohl der katholische wie der protestantische (Aus-)weg boten überdies die Gewähr, dass die Tugendhaftigkeit der ledigen Frauen gewährleistet blieb. Und wenn der Eintritt in eine Kongregation oder bei den Diakonissen keine Perspektive darstellte?

Ledig und berufstätig?

Ich befand mich damals, als die Krankheit mir Zeit zum Grübeln ließ, in jenem inneren Konflikt, den viele Mädchen unserer Kreise, die nicht im oberflächlichen Genussleben aufzugehen vermögen und weder einen ernsten Beruf haben noch heiraten wollen ohne Liebe, durchkämpfen müssen. Als ich einmal wieder in Lablacken war, erriet meine Großmutter mehr, was mich quälte, als dass ich es verraten hätte – zum ‚Stoizismus des Schweigens' war auch ich dressiert worden. Es kam zu ernsten Aussprachen zwischen uns, und was sie sagte, gipfelte immer in dem Rat: schaffe dir durch dein Talent so viel innere und äußere Selbstständigkeit, um nicht heiraten zu müssen! Sie regte mich mündlich und brieflich immer wieder zu schriftstellerischer Arbeit an, bat mich, ihr alles zu schicken, was ich geschrieben hatte, ‚Du brauchst Dich dabei vor mir nicht zu fürchten, mein geliebtes Herzenskind', schrieb sie, ‚höchstens binde ich einige zu üppige Schlingpflanzen Deiner Phantasie an, damit der Sturm sie nicht zerzaust.' ‚Entschließe dich', heißt es in einem anderen Brief, ‚nicht zu einer Heirat, weil irgend jemand Dir zuredet, oder etwa gar aus Mitleid mit einem Kurmacher – das ist schon das allerdümmste! – oder weil Du fürchtest, zu alt zu werden. Glaube fest, dass die späten Heiraten die besten sind. Junge Eheleute entwickeln sich fast immer auseinander, und da Scheidungen, so notwendig sie oft sein mögen, immer ein Gefolge schwerer Schmerzen und Bitterkeiten nach sich ziehen, so ist es besser, zu warten, bis der reife Verstand, das reife Herz ihre Wahl treffen (Braun, 1918, 387). Im autobiografischen Roman von Lily Braun nimmt die Frage, welche Lebensgestaltung einer erwachsenen ledigen Frau offenstand, der sich die Chance zu einer Neigungsehe nicht geboten hatte, und die allmählich „in die Jahre" kam, breiten Raum ein. Üblich war es nicht, offen über die eigenen Lebensperspektiven zu schreiben oder zu reden, wenn sich allmählich abzeichnete, dass man voraussichtlich ledig blieb. In einer Gesellschaft, die keine sinnvolle Verwendung für unverheiratete Bürgerinnen zu benennen wusste, stellte die Ehelosigkeit sicherlich ein Schreckgespenst dar, mit dem sich die erwachsene Bürgertochter mehr und mehr konfrontiert sah. In Franziska Tiburtius' Autobiografie, die 28-jährig ein Medizinstudium in der Schweiz aufnahm, fällt kein Satz über die eigene Entscheidung zur Ehelosigkeit. Auch die ledige Sozialpolitikerin Anna Pappritz schweigt sich in ihren autobiografischen Aufzeichnungen über dieses Thema aus. Es ist zu vermuten, dass die Folgen eines Reitunfalls, die zu einer Unterleibsoperation führten, nach zeitgenössischen Vorstellungen ein Ehehindernis darstellten. Auch die Unternehmerin Margarete Steiff dürfte wegen ihrer Lähmung auf eine Heirat verzichtet haben. Nur indirekt ist aus den Publikationen der Seminarlehrerin Mathilde Lammers zu entnehmen, wie sie selbst über Vernunftehen (die es zu vermeiden galt) dachte. In einer „Fortsetzungserzählung" in der Zeitschrift „Die Lehrerin in Schule und Haus" mit dem Titel „Alma's Erfahrungen" schildert sie mit kaum zu übersehenden erhobenem pädagogischen Zeigefinger den Weg einer jungen Bürgerin in das Lehrerinnenseminar, den selbstständigen Lehrberuf und die Ehelosigkeit. Die Heldin der Geschichte, welche die 25 bereits überschritten hatte und bereits begann, *verblüht* auszusehen, nahm die Lehrerinnenausbildung zuerst recht leichtfertig auf, um der Langeweile im familiären Leben Einhalt zu gebieten, ohne den nötigen Ernst, wie die Autorin vermittelte. Nach und nach, so die Erzählung, ließ sich Alma jedoch gewissenhaft auf den Seminarunterricht ein und bereitete sich auf ihr Examen vor. Währenddessen bemühte sich die Familie, doch noch einen passenden Heiratskandidaten aufzutun. Sie fand ihn schließlich in Major Claudius, einem 50-jährigen Offizier, den die Gicht motivierte, sich nun doch noch häuslich niederlassen zu wollen. Doch Alma ließ die Familie wissen, sie sei nicht gesonnen, *den Heiratsplänen derselben zu Gefallen ihren Lehrberuf aufzugeben. Sie hatte viel Not*, berichtet die Autorin, *die Mutter zu überzeugen, dass sie ein Recht dazu habe, eine ehrenhafte Selbstständigkeit einer Verheiratung vorzuziehen, bei welcher von Liebe gar keine, von Achtung nur sehr wenig die Rede sein konnte. Aber sie selbst blieb ganz fest, und der Erfolg hat ihr Recht gegeben. Sie ist nach glücklich bestandener Abgangsprüfung wohlbestallte Lehrerin an einer großen Mädchenschule geworden, von ihren Schülerinnen geliebt, von ihren Amtsgenossen geschätzt, imstande nicht allein sich selbst zu erhalten, sondern auch ihrer alternden Mutter, die sie zu sich genommen hat, eine trauliche Häuslichkeit zu schaffen, und durch den ihr zugesicherten Ruhegehalt auch der Unannehmlichkeit überhoben, jemals bei den noch immer erzürnten Verwandten um Unterstützung nachsuchen zu müssen. Wenn sie auf ihr Leben zurückblickt, so ist sie des Dankes sehr voll; trotzdem aber kommt sie von dem Bedauern nicht los, so manches schöne Jugendjahr im Nichtstun vergeudet zu haben, und sucht in ihren Schülerinnen vor allem die Überzeugung zu wecken, dass ein unnütz Leben ein früher Tod ist* (Lammers, 1887/88, 182 f.).

Dem weiblichen Wesen gemäße Berufsbilder für ledige Frauen: Lehrerinnen an Mädchenschulen

Es gab damals eigentlich nur einen Beruf, der für gebildete Frauen ‚aus guter Familie' wählbar war – den der Lehrerin – und auch da war es zweifelhaft, ob man nicht ‚Kaste' verlor! (Tiburtius, 1929, 76), erläutert Franziska Tiburtius in der Rückschau. Auch den Anmerkungen der Lehrerin und Schriftstellerin Meta Wellmer ist zu entnehmen, dass es mit der Entscheidung für den Lehrerinnenberuf nicht so einfach war. *Ist also in Deutschland eher ein gewisses Vorurteil gegen Gouvernanten tief eingewurzelt und weit verbreitet,* schreibt sie, *so dürfte dasselbe noch größer gegen Bildungsanstalten für Lehrerinnen sein, denn dieses Abrichten oder Anlernen für das Lehrfach stünde, sagt man, mit dem Naturell und eigentlichen Beruf des Weibes in direktem Widerspruch* (Wellmer, 1877, 11).

Dennoch stellte der Beruf der Lehrerin an einer höheren privaten Mädchenschule nahezu das einzige qualifizierte Berufsfeld für ledige Bürgerinnen dar, die eine bezahlte Tätigkeit außerhalb des „schützenden" Rahmens der eigenen oder einer fremden Familie anstrebten und diese nicht nur als Interimslösung bis zur Heirat verstanden wissen wollten. Doch hinter der Berufsbezeichnung Lehrerin verbargen sich höchst unterschiedliche Ausbildungsgänge und Berufswege. Die

Grenzen zur Erzieherin im Privathaushalt waren keineswegs trennscharf. Anstellungsmöglichkeiten und Bezahlung unterlagen einer erstaunlichen Bandbreite. Dies hatte nicht zuletzt mit den vagen zeitgenössischen Vorstellungen zu tun, was eigentlich unter höherer schulischer Mädchenbildung verstanden werden sollte. Ohne staatliche Anerkennung unterrichteten private Mädchenschulen auf recht ungleichem Niveau mit entsprechend unterschiedlich ausgebildetem Lehrpersonal.

Zu Beginn des Wilhelminischen Kaiserreiches gab es in Preußen fünf staatliche Lehrerinnenseminare und eine ganze Reihe städtischer, von den Kirchen oder privat unterhaltener Lehrinnenausbildungseinrichtungen. Was dort jeweils unterrichtet wurde, variierte breit. Auch war die Absolvierung einer solchen Einrichtung nicht zwingend notwendig, um als Lehrerin an einer Volksschule oder einer weiterführenden mittleren oder höheren Mädchenschule zu arbeiten bzw. ein staatliches Lehrerinnenexamen abzulegen. Ähnlich waren die Anforderungen an Lehrerinnen in anderen Ländern des Deutschen Reiches. Im Königsreich Sachsen beispielsweise wurde seit 1859 von Lehrerinnen an Volks- oder weiterführenden Mädchenschulen verlangt, dass sie ein Lehrerinnenseminar besuchten und ein Examen ablegten. Auch ohne das Seminar absolviert zu haben, konnte man sich dort prüfen lassen. Es gab Lehrerinnenseminare in Callnberg (gegründet 1856), Dresden (1875) und Leipzig (1899). Überliefert ist der Lehrplan von Callnberg aus der Gründungszeit des Seminars. Über drei Jahre hinweg gab es Unterricht in Katechismuslehre, alt- und neutestamentarische biblische Geschichte, Kirchengeschichte, Bibellesen mit Bibelerklärung, Pädagogik, Weltgeschichte und Geografie sowie Deutsche Sprache und Aufsatz. Weiterer Unterricht in Französisch, Englisch, Rechnen, Naturkunde, Schönschreiben, Zeichnen, Klavierspiel und Gesang sollte zum Lehren in Mädchenklassen an Volksschulen und höheren Mädchenschulen befähigen. Nicht verwechseln darf man die damaligen weiterführenden Mädchenschulen mit Realschulen oder Gymnasien, die dem männlichen Geschlecht vorbehalten waren. Lehrerinnenseminare hatten noch in den 1860er und 1870er Jahren heftig um gesellschaftliche Anerkennung zu kämpfen. Lehrerinnen standen stets unter kritischer Beobachtung und sie galten als vergleichsweise schlecht ausgebildet. Ihre Löhne waren niedriger als die der männlichen Kollegen. In den preußischen Volksschulen hatten sie 1871 einen Anteil von rund 7 % erobert. Die Anstellung einer Frau an einem Gymnasium war undenkbar. Ohnehin diskutierten die männlichen Pädagogen mit lustvoller Vehemenz, ob das weibliche Geschlecht überhaupt dazu befähigt sei, außerhalb des Privathauses Unterricht zu erteilen. Das Arbeitsfeld junger Bürgerinnen, die in den Lehrberuf drängten, stellten daher die städtischen, vorzugsweise jedoch die privaten Mädchenschulen dar, die eine wie auch immer definierte weiterführende weibliche Bildung vermittelten. Hier konkurrierten die Lehrerinnen allerdings zumindest in den höheren Klassen mit männlichen Kollegen. Diese setzten sich zwar für die Aufwertung des Mädchenschulwesens ein, nicht jedoch für die Gleichstellung der Lehrerinnen.

Welche Kenntnisse musste eine Lehrerin weiterführender Mädchenschulen vorweisen können? Klarheit schuf 1874 in Preußen die neu eingeführte allgemeine staatliche Prüfungsordnung für Lehrerinnen und Schulvorsteherinnen. Nach wie vor war es den Prüfungskandidatinnen überlassen, ob sie ihre Kenntnisse in zwei- bis dreijährigen Kursen an staatlichen bzw. privaten Lehrerinnenseminaren oder durch privates Selbststudium erwarben. Die Anmeldung zur Prüfung als Lehrerin für mittlere und höhere Mädchenschulen erforderte ein Alter von mindestens 18 Jahren, *sittliche Unbescholtenheit* und die Vorlage eines Gesundheitszeugnisses. Erwartet wurden vertiefte Kenntnisse in Religionslehre. Für den Deutschunterricht war *Korrektheit und Gewandtheit in zusammenhängender mündlicher und schriftlicher Darstellung, übersichtliche Bekanntschaft mit der Literaturgeschichte und mit der Jugendliteratur, eingehende Kenntnis einiger Hauptwerke der Dichtung, Kenntnis der verschiedenen Redeformen, der Dichtungsarten und der bekannten Versweisen (Meta), Vertrautheit mit einer Leselehre und mit den Hauptregeln der Grammatik, sowie mit denen der Methodik des Sprachunterrichts* zu belegen. Grundwissen wurde in Rechnen, Geografie, Naturbeschreibung, Naturlehre und Pädagogik, Können in Gesang, Zeichnen und Handarbeiten geprüft. In Geschichte wurde *Bekanntschaft mit der allgemeinen, zusammenhängende Kenntnis der deutschen, besonders der preußischen Geschichte* erwartet. Dazu trat der Nachweis von Französisch- und Englischkenntnissen.

Frauen, die sich zur Schulvorsteherinnenprüfung anmeldeten, mussten einen *Nachweis ihrer sittlichen Unbescholtenheit und ihrer körperlichen Befähigung* erbringen und fünf Jahre Lehrtätigkeit, zwei Jahre davon in Schulen, belegen können. Sie hatten einen Aufsatz zu einem gestellten Thema aus der *Erziehungs- und Unterrichtslehre* innerhalb von acht Wochen zu verfertigen und sie mussten sich einer mündlichen Prüfung unterziehen. Diese hatte *die Geschichte der Pädagogik, das ganze Gebiet der Erziehungs- und Unterrichtslehre in ihrem Zusammenhange mit der Psychologie, vorzüglich aber die spezielle Methodik und die Kenntnis der Lehrmittel sowie der Volks- und Jugendschriften zum Gegenstande* (Zentralblatt für die gesamte Unterrichtsverwaltung in Preußen, 1874, 335–342).

So sehr die Normierungsbemühungen der preußischen Kultusbehörden in Sachen Lehrerinnenausbildung zu würdigen waren, so unbefriedigend blieben die neuen Regeln, was die Stellung der Lehrerinnen an mittleren und höheren Mädchenschulen betraf. Zwischen den Anforderungen, die an sie und die an Volksschullehrerinnen gestellt wurden, waren – abgesehen vom Fremdsprachenunterricht – nur im Deutsch- und Geschichtswissen Unterschiede festzustellen. Mit entsprechender kritischer Herablassung und beachtlichem Abgrenzungsbedürfnis beobachteten daher die Lehrerberufsverbände in den folgenden Jahrzehnten die Bemühungen der bürgerlichen Frauenbewegung, den Lehrerinnenberuf zu professionalisieren und aufzuwerten. Doch davon wird später die Rede sein.

Die Vorschriften für die Lehrerinnenausbildung sollten bis gegen Ende des 19. Jahrhunderts vage bleiben. Auch der Status der Lehrerin an weiterführenden Mädchenschulen blieb ungeklärt. Doch der Eintritt in ein Lehrerinnenseminar oder die Lehrerinnenprüfung scheinen zielsicher die Scheidelinie zu markieren, die eine Bürgerstochter im Wartestand auf die Ehe von einer Bürgerin unterschied, die im ledigen Stand einen ernsthaften Beruf anstrebte. Und so findet sich folgerichtig in den Lebenserinnerungen zahlreicher unverheiratet gebliebener bürgerlicher Frauenrechtlerinnen ein Lebensabschnitt in einem Lehrerinnenseminar.

Dabei war die Haltung der Eltern gegenüber den Berufsplänen der Töchter nicht selten ambivalent. *Mit vieler Mühe und durch vieles Bitten erlangte ich endlich die Erlaubnis, mit meiner Freundin Hedwig in das Lehrerinnenseminar ihres Vaters einzutreten, das ich bis Ostern 1870 besuchte*, erzählt Margarethe Krupp (Friz, 2009, 47). Auch Elisabeth Gnauck-Kühne, die sich schon in jungen Jahren für den Lehrerinnenberuf interessierte, kann keineswegs von ungeteilter Zustimmung im Elternhaus berichten: *Als ich es meiner Mutter sagte, war sie erfreut.* Sie meinte, *dass ich eine geborene Pädagogin sei, und sie würde mir helfen, die Zustimmung des Vaters zu dem Schritte zu erlangen, der damals noch als ein höchst ungewöhnlicher und nicht standesgemäßer auffiel und verurteilt wurde. Mit vierzehn Jahren kam ich auf das Königliche Sächsische Lehrerinnenseminar Callnberg, wo ich mit siebzehn Jahren mein Examen bestand* (Gnauck-Kühne, 1909/10, 128). *Ich bin in meinem en-*

gen Kreise Pionier gewesen und habe einsam auf Vorposten gestanden, erzählt sie. *Es gab damals, glaube ich, im ganzen Braunschweigischen Lande noch kein staatlich geprüfte, angestellte Lehrerin* [...] *Die Bekannten hielten dafür, dass man eine solche Marotte weder encouragieren noch tolerieren, sondern einfach kurieren müsse* (Simon, 1928, 41). Ihre Erinnerungen an den Aufenthalt am sächsischen Lehrerinnenseminar in Callnberg von 1864 bis 1867 sind nicht gerade freundlich. Immense Bedeutung kam dem Religionsunterricht zu. *Die Tagesarbeit war für ein halberwachsenes Mädchen übermäßig, so war ich abends oft so müde, dass ich im Arbeitszimmer über den Büchern einschlief und nur durch Rütteln und kaltes Wasser auf die Füße zu bringen war. Die älteren Gefährtinnen mussten mich mitschleifen und stützen, dass ich schlaftrunken nicht vom Stuhle fiel. Der Geist des Hauses war der strenger Zucht, nicht sowohl lutherisch, denn Luther liebte Weib, Wein und Gesang, als vielmehr puritanisch. Körperliche Erschöpfung war gleichbedeutend mit moralischer Erschlaffung. Ein Drittel der mit mir Eintretenden gingen denn auch im Laufe des dreijährigen Kursus gesundheitlich erschöpft ab. Das Tagwerk begann um ½ 6 Uhr; jede Stunde war geregelt. Dabei war die Verpflegung eine ungenügende. Ich habe den Hunger damals kennengelernt* (ebd. 191 f.). Wer solches durchstand, war reif für den Lehrerinnenberuf. Elisabeth Kühne arbeitete vom Ende ihrer Seminarzeit bis 1869 als Hilfslehrerin an der Einrichtung, durch die sie sich selbst gequält hatte.

War das Familieneinkommen beschränkt, scheint es leichter gewesen zu sein, die elterliche Zustimmung für den Schritt in den professionellen Beruf zu erreichen. So unterzog sich Franziska Tiburtius, wohl mit Beistand ihrer verwitweten Mutter, nach einigen Jahren der Arbeit als Erzieherin in Stralsund dem Lehrerinnenexamen. Mathilde Lammers, die sich später vehement für die Professionalisierung des Lehrerinnenberufs einsetzte, machte ihr Lehrerinnenexamen in den 1860er Jahren in Bremen nach dem Besuch eines Lehrerinnenseminars. Ein Lehrerinnenexamen absolvierten beispielsweise auch die Sozialdemokratinnen Clara Zetkin in Leipzig und Anna Blos in Karlsruhe. Beide hatten sich als Externe zu den staatlichen Prüfungen gemeldet. Von Letzterer wird berichtet, dass sie als Lehrerin unter anderem in Stuttgart arbeitete und dort 1910 als erste Frau im Deutschen Reich in einen Ortsschulrat aufgenommen wurde. Dieses Ehrenamt verdankte sie ihrer Ausbildung zur Lehrerin und ihrer Mitgliedschaft in der Sozialdemokratie gleichermaßen.

Schulleiterinnen von Mädchenschulen

War das Lehrerinnenexamen geschafft, zusätzliches Wissen als Hauslehrerin vorzugsweise in Familien in Frankreich oder England erworben, dann entschieden letztlich die finanziellen Ressourcen der Familie darüber, ob die ledige Bürgerin zur Gründung einer privaten Mädchenschule schreiten konnte. Franziska Tiburtius hatte ihr Lehrerinnenexamen *gedacht als erste Etappe für Gründung und Übernahme einer Mädchenschule. In meiner lieben Heimatstadt Stralsund waren einige Aussichten vorhanden; zunächst wollte ich nun einen Ausblick in die weitere Welt gewinnen, meine Ansichten und Erfahrungen erweitern – des Englischen ganz mächtig werden* [...] *nach der Rückkehr sollte das Vorsteherinnenexamen gemacht und der weitere Weg gesucht werden* (Tiburtius, 1929, 77). Weil sie sich dann doch beruflich umorientierte, gab sie den Plan wieder auf. Zu den erfolgreichen Bürgerdamen, denen eine Schulgründung gelang, zählt Elisabeth Kühne, später verheiratete Gnauck-Kühne. 1875 gründete sie mit Unterstützung ihrer Schwester ein Mädchenschulpensionat, die „Lehr- und Erziehungsanstalt für Töchter höherer Stände", in ihrer Heimatstadt Blankenburg im Harz und leitete dieses 13 Jahre lang. Ein Schulprospekt gibt Einblick in den dort vermittelnden Lehrstoff: *Die beschränkte Zahl der Zöglinge macht es der Vorsteherin möglich, Gemüt und Charakter jedes einzelnen Zöglings kennenzulernen und zu pflegen, feinen Umgangston und Haltung anzuerziehen, streng auf Ordnung und Sauberkeit zu achten und dem Hause den wohltuenden Charakter des Familienlebens zu wahren. – Ein Hauptnachdruck wird auf die Unterhaltung in den fremden Sprachen gelegt* (Simon, 1928, 15). Es ist, so lässt sich folgern, das übliche höhere Mädchenschulprogramm, mit dem Elisabeth Kühne für ihr Institut warb, auch wenn manches darauf hindeutet, dass sich die Lehrerin mit dem üblichen, Mädchen zugedachten Halbwissen nicht zufrieden geben wollte. So heißt es über den Unterricht in Französisch: *Derselbe soll weder eine für das praktische Leben unzulänglich, bloß grammatikalische Kenntnis der Sprache anstreben, noch soll er ein Abrichten der Zöglinge zur Salon-Konversation sein, sondern auf grammatikalischer Grundlage will er Fertigkeit in der Sprache erreichen, mit dem Wissen das Können vereinen* (ebd. 15). Die Schulvorsteherin selbst gab Unterricht in deutscher Aufsatzkunde, Religion, Literatur und Geschichte. Offenbar traf die Schule auf freundliche Aufnahme. Vier der Töchter des berühmten Althistorikers Theodor Mommsen besuchten das Institut. Auch als wirtschaftliches Unternehmen war die Einrichtung erfolgreich. Schon drei Jahre nach der Gründung konnte für die Schule ein eigenes Haus gebaut, wenige Jahre später durch weiteren Grunderwerb der zugehörige Garten in einen Park verwandelt werden. Als sich Elisabeth Kühne 38-jährig doch noch zu einer Heirat entschloss und die Schule verkaufte, erzielte sie den stolzen Verkaufspreis von 60 000 Mark.

Reichten die eigenen materiellen Ressourcen nicht für eine eigene Schulgründung, dann bot der erfahrenen Lehrerin beispielsweise der Eintritt in das Lehrpersonal oder die Leitung eines Lehrerinnenseminars die Chance zu professioneller beruflicher Tätigkeit. Diesen Weg ging Mathilde Lammers. Nach ihrem Lehrerinnenexamen in Bremen, erst in der dortigen privaten höheren Mädchenschule tätig, arbeitete sie seit 1878 als Vorsteherin des angeschlossenen Lehrerinnenseminars. In den folgenden Jahrzehnten machte sie sich als engagierte Kämpferin für eine bessere Lehrerinnenausbildung und Schriftstellerin in Sachen weiblicher Bildung einen Namen.

Bild 7: Mathilde Lammers (1837–1905): engagierte Interessenvertreterin der Lehrerinnen.

Ob Schulleiterin oder Leiterin eines Lehrerinnenseminars, typisch waren solche Berufskarrieren selbst für Lehrerinnen aus gehobenen bürgerlichen Kreisen nicht. Doch diejenigen, die den steinigen Weg in eine anerkannte selbstständige Tätigkeit bewältigten, mochten sich daran freuen können, dass sich nun zur üblichen Geringschätzung der „alten Jungfer" die Anerkennung ihrer fachlichen Kompetenz beizugesellen begann. Zumindest im Kreis der Schülerinnen und Kolleginnen und reformorientierter Eltern genossen Schul- und Seminarleiterinnen große Wertschätzung. Geradezu schwärmerisch mutet das Bild an, das in einem Nachruf der Zeitschrift „Die Lehrerin“ über die 1905 verstorbene Mathilde Lammers gezeichnet wird: *Sie zählt zu den ersten und berufensten Frauen, die eingetreten sind für die Besserung der Lehrerinnenbildung und Verwendung der Lehrerinnen in allen Klassen der Mädchenschulen wie überhaupt für Hebung der Bildung des weiblichen Geschlechts und Freigebung der Bahn für die Arbeit der Frau je nach Begabung und Neigung. – Berufen war sie für diese Aufgabe durch ihre geistige Begabung, durch ihren sittlichen Ernst, ihr maßvolles Vorgehen, ihren sicheren Takt bei allen Forderungen und bei Beurteilung der bestehenden Verhältnisse wie bei Vorschlägen zur Besserung derselben, kurz durch ihre in Selbstzucht gereifte Persönlichkeit.* [...] *Sie gehörte zu den Menschen, die das Leben als eine ernste, eine heilige Aufgabe erfassen; infolge dessen führte sie auch jede Arbeit, die sie übernahm, dieser Aufgabe entsprechend aus und hat daher auch ihre Wirksamkeit als Lehrerin, als Schriftstellerin wie in den letzten 10 Jahren als Helferin und Trösterin der Armen und Kranken, die segenreichsten Früchte getragen* (Marie Loeper-Housselle, in: Die Lehrerin in Schule und Haus, 22, 1905/1906, 185).

Ausnahmegestalten: Franziska Tiburtius

Nicht alle ledigen erwachsenen Bürgerinnen, die eine bezahlte Berufstätigkeit außerhalb der eigenen oder fremden Familie suchten, entschieden sich für den Lehrerinnenberuf. Wohl waren es die meisten. Daneben aber gab es die eine oder andere vom Schicksal begünstigte, vielleicht auch in der Heiratsfrage benachteiligte junge Dame, der es gelang, ihren individuellen eigenen Berufsweg einzuschlagen. Zu diesen Ausnahmegestalten gehört Franziska Tiburtius. Eigentlich war sie auf dem besten Weg, die klassische weibliche Bürgerinnenberufskarriere über die Erzieherinnentätigkeit zur Schulleiterin einzuschlagen. Es war ihr Bruder, der sie ermutigte, einen anderen Berufsweg zu gehen. Karl Tiburtius war Arzt. Seit langem war er mit Henriette Hirschfeld befreundet. Mit eiserner Energie hatte die junge vermögenslose Witwe ihren Entschluss, Zahnärztin zu werden, umgesetzt. Nach einer Ausbildung in den USA am „Pennsylvania College of Dental Surgery“ zwischen 1867 und 1869 kehrte sie als examinierte Zahnärztin nach Deutschland zurück. Wohl weil hier die Normierung des Zahnarztberufes noch nicht abgeschlossen war, gelang es ihr, sich in Berlin als erste Zahnärztin des Deutschen Reiches niederzulassen, wenn auch in der Regel nur von weiblichen Patientinnen besucht. Nach ihrer Heirat mit Karl Tiburtius im Jahr 1872 betrieb sie ihre Praxis weiter. Daher ist die Vermutung nicht allzu verwegen, ihrem Mann eine gewisse Unkonventionalität und positive Einstellung zu weiblicher qualifizierter Berufstätigkeit zu unterstellen. Tatsächlich berichtet seine Schwester dann auch in ihrer Autobiografie von den Ermunterungen ihres Bruders, selbst ein Medizinstudium in der Schweiz – denn dort konnten auch Frauen studieren – zu beginnen. *Mein Bruder* [...] *glaubte in mir eine gewisse Befähigung für den ärztlichen Beruf zu entdecken,* schreibt sie. *Ich konnte mich nicht entschließen; wer die damaligen Verhältnisse und Anschauungen kennt, wird es begreifen. Ein junges Mädchen – ich war doch einmal jung! – auf einer Universität und Medizin studierend – undenkbar!* [...] *Dass ich von Anfang an mit Begeisterung an die Sache herangetreten bin, kann ich also nicht behaupten,* [...] *durchgeführt habe ich es aber doch* (Tiburtius, 1929, 108 f.). Der Familienrat beschloss, Zürich als Studienort zu wählen. Hier ließ man seit einigen Jahren Frauen mit Sondergenehmigung zum Medizinstudium zu, auch wenn sich die männliche Studentenschaft nicht entblödete, gegen die weitere Zulassung von Frauen zu petitionieren und nicht jeder Lehrende die studierenden Damen gerne sah. Dem erfolgreich abgeschlossenen Studium im Jahr 1876 – *wohl die schönste und freieste Zeit meines Lebens* (ebd. 169) – folgte die Tätigkeit als Volontärarzt in der „obstetrischen und gynäkologischen Klinik" in Dresden – *seitdem die Prager den Entschluss gefasst haben, keine Frauen mehr zu den medizinischen Kliniken und Vorlesungen als Auditorium zuzulassen, ist dies ja der einzige Platz in Deutschland, der uns bleibt, um Erfahrungen zu sammeln, und dafür müssen wir dankbar sein* (ebd. 172 f.). Auch diese Ausbildungsphase, die sie gemeinsam mit ihrer Kollegin Lehmus absolvierte, bewertet Franziska Tiburtius in der Rückschau positiv: *Fast war es wie die Züricher Zeit, – ganz so farbenfrisch und glanzvoll waren die hellen Tage aber doch nicht, ein leichter Schatten von Bangigkeit lag darüber, sie waren überschattet von dem großen Fragezeichen, das, mehr in unsere Nähe gerückt, seinen Schatten vorwärts fallen ließ auf die ihm Zustrebenden; das Fragezeichen hieß: Berlin und die selbstständige Berufsarbeit. Würden wir das Leben meistern können?* (ebd. 175).

Bild 8: Die Ärztin Franziska Tiburtius (1843–1927) im Alter von 58 Jahren.

Doch die Ablegung des deutschen Staatsexamens wurde ihnen verweigert. Was blieb, war die Eröffnung einer Praxis auf der Basis des Gewerbegesetzes. Es gestattete auch die Ausübung der „praktischen Heilkunde“. Die folgenden Jahrzehnte stellen sich in den Erinnerungen von Franziska Tiburtius als ein Wechselspiel von beruflichen Erfolgen, kleinlichem Konkurrenzgerangel mit der männlichen Ärzteschaft und öffentlichem (männlichen) Hohn dar. So sah sich *eine Leuchte der Wissenschaft*, Professor Rudolf Virchow, gezwungen, aus dem Vorstand des „Viktoria-Lyzeums“, einer von der Kaiserfamilie geförderten Lehranstalt für höhere Töchter, auszuscheiden, als die beiden Ärztinnen dort einen Winterkursus für Gesundheitslehre übernahmen. Die Satirezeitschrift „Kladderadatsch“, herausgegeben vom Ehemann Hedwig Dohms, druckte ein Witzblatt über die weiblichen Ärzte Dr. Romulus und Dr. Remus, die sich in den gleichen Patienten verlieben. *Noch bis in die neunziger Jahre hinein erregte die Erwähnung des weiblichen Arztes im Reichstag ‚ungeheure Heiterkeit‘! Die Fachblätter, wo sie von der Neuerung Notiz nahmen, traten ihr entgegen und bewiesen aus theoretischen Gründen die völlige Hoffnungslosigkeit des Unternehmens. Die beiden Ärztinnen standen der Kontroverse kühl gegenüber: – abwarten!* (Tiburtius, 1929, 186). Mehrfach wurde gegen die Ärztinnen Klage wegen unbefugter Führung des medizinischen Doktortitels geführt – die Damen mussten nun auf ihren Praxisschildern auf das Schweizer

Examen hinweisen. Als Tiburtius sich ihre Diagnose über eine tödliche Krankheit einer Patientin von einem anderen männlichen Arzt bestätigen lassen sollte, brachte dieser das Problem der männlichen Ärzteschaft mit der weiblichen Konkurrenz auf den Punkt: *Ach ja, das wissen wir ja, lassen Sie doch, es ist ein Karzinom und die Kranke hat nicht mehr lange zu leben; aber sagen Sie mal – warum haben Sie nicht geheiratet? – Ich bin selten so überrascht gewesen.* Auch die Damenwelt begrüßte die neuen weiblichen Ärzte nicht ohne Vorbehalt. In den Anfangsjahren waren es vor allem die *Armen (arm an Geist wie am Portemonnaie)* (ebd. 195), die sich von den Ärztinnen behandeln ließen. Für sie errichteten Tiburtius und Lehmus mit der Unterstützung eines Berliner Fabrikanten eine Poliklinik für Arbeiterfrauen, in der pro Behandlung nur 10 Pfennig gezahlt werden mussten. *Allmählich wurde es dann auch anders; es erschienen auch die Patientinnen aus anderen Gesellschaftskreisen, deren Vertrauen sich auch in materiellen Beweisen äußern kann. Es geschah wohl, dass aus den reichen und vornehmen Häusern erst die Hausangestellten gesandt wurden, die Hausmädchen, Köchinnen usw., um Umschau zu halten; fiel der Bescheid günstig aus, so erschien dann wohl die gnädige Frau selbst, – oder es wurden die Kinder geschickt mit der Erzieherin* (ebd. 196). Mitte der 1880er Jahre war die Stellung der Ärztinnen zumindest bei den Patientinnen gefestigt. Doch erst in den 1890er Jahren ließen sich weitere, in der Schweiz ausgebildete Ärztinnen in Berlin nieder. *Man hatte sich an den Gedanken des weiblichen Arztes gewöhnt, Behörden sowie Publikum fürchteten nicht mehr allerhand Schrecknisse* (ebd. 218). Franziska Tiburtius hat ihre ärztliche Tätigkeit bis zu ihrem 64. Lebensjahr erfolgreich ausgeführt. *Es ist mir bitter schwer geworden, aus meiner Lebensarbeit zu scheiden.* […] *Mein Leben ist köstlich gewesen, denn es ist Mühe und Arbeit gewesen*, so ihr Resümee im Alter von 74 Jahren (ebd. 223).

Ausnahmegestalten: Margarete Steiff

Zu den Bürgerinnen, die die üblichen vorgezeichneten Pfade nicht gehen konnten, und die sehr erfolgreich einen eigenen Weg einschlugen, gehört auch Margarete Steiff. Das 1847 geborene Mädchen entstammte einer Familie, die dem traditionellen Stadtbürgertum der schwäbischen Kleinstadt Giengen zuzurechnen war. Unter den Großeltern finden sich Müller, Wirte und Bauhandwerker – auch ihr Vater war selbstständiger Maurermeister –, allesamt Zunftmeister in angesehenen und meist auch gut verdienenden Gewerben. Doch im Realteilungsgebiet, wo alle Kinder am Erbe beteiligt waren, blieben die finanziellen Ressourcen in der Regel überschaubar. Selbstverständlich arbeiteten die Frauen in den handwerklichen Familienbetrieben mit. Sie versorgten die Gesellen und übernahmen frauengemäße Arbeiten in den Familienbetrieben. Überdies trug das pietistisch geprägte Milieu dazu bei, Arbeit und Sparsamkeit als entscheidende Pfeiler des eigenen Lebens zu begreifen. Viel war auch im Leben der Kinder von Arbeit die Rede, Bildungsbemühungen wurden in erster Linie als religiöse Unterweisung interpretiert. Söhne sollten die Familienbetriebe fortsetzen, aus Töchtern gute Hauswirtschafterinnen an der Seite ihrer Männer werden. Selbstverständlich hatte man Gesinde im eigenen Betrieb, aber man scheute sich auch nicht, die eigenen Töchter in Dienst zu geben, und begriff diese Zeit als Lehrzeit für das spätere Erwachsenenleben.

Ein solches Leben war Margarete Steiff nicht möglich. Die Erkrankung an Kinderlähmung ließ die Zweijährige an beiden Beinen gelähmt zurück. Auch ein Arm war nur bedingt einsetzbar. Mit großer Unterstützung der Familie durchlief das körperbehinderte Kind die öffentliche Schule, unterbrochen von teuren Aufenthalten in Kliniken und bei bekannten Ärzten, von denen man sich die Heilung der Tochter erhoffte. Doch an einem Leben im Rollstuhl führte für Margarete Steiff nichts vorbei. Dass sie im Elternhaus auch als Erwachsene bleiben würde, stand fest, dass sie versuchte, zu ihrem eigenen Lebensunterhalt beizutragen, war für sie und wohl auch für die Familie selbstverständlich. Ein Ausweg bot die Übernahme von Näharbeiten. Schon das Kind mit dem gelähmten Arm trotzte sich mit Hilfe der Verwandtschaft ein intensives Nähtraining und eine entsprechende Schulung ab. Nach der Schulentlassung mit 14 folgten Nähaufträge erst im Verwandtenkreis, schließlich auch bei Fremden. In ihrem Tagebuch berichtet sie von den Aussteuerarbeiten, die sie übernahm. *Viele Wochen musste ich mit einem alten Memminger Weible Federn putzen und kam ich die ganze Woche nicht heim [...] Später durfte ich Namen nähen in Kreuzstich. [...] So saßen wir viele Monate in der oberen Stube, da wurde geschafft und gesungen* (Katz, 2011, 97). Margarethe war 15 Jahre alt, als ihre beiden älteren Schwestern im elterlichen Haus eine Damenschneiderei eröffneten, in der sie bis zu deren Heiraten 1870 und 1873 mitarbeiten konnte. Daneben wurde weiter im Verwandtenkreis und auch außerhalb genäht. *Meine Kundschaft hatte sich nach und nach sehr vermehrt* (ebd. 119), erinnert sie sich stolz. Mit großer Aufmerksamkeit aber verfolgte sie Versuche der Vettern, eine Filzfabrik in Giengen aufzubauen. 1866 gegründet, expandierte sie rasch. Der Filz war es schließlich dann auch, der Margarethe auf eigene Geschäftsideen brachte. Als ihr die Eltern zum 27. Geburtstag 1874 einen Anbau an das elterliche Haus mit eigenem Schlaf- und Arbeitsräumen „schenkten", rückte das eigene Geschäft näher. *Der Filz wurde inzwischen immer vollkommener und konnte für Kleidung verwendet werden*, schreibt sie in ihren Erinnerungen. *Im Jahr 1877, als ich es durch verschiedene Handarbeiten zu einigen Ersparnissen gebracht hatte, wagte ich mit Hilfe und Zuspruch von Adolf Glatz* [verwandter Unternehmer in der Filzfabrik], *ein Filzkonfektionsgeschäft auf eigene Rechnung zu betreiben. Zuerst arbeitete ich nur für Siegle in Stuttgart. Bald hatte ich Privatkundschaft* [...] *und konnte mehrere Personen beschäftigen* (ebd. 133). Zur Versandkollektion von Unterröcken kamen bald Wohnungsutensilien dazu. Aus dem Jahr 1879 datiert die Produktion des ersten Spieltiers, eines Elefanten. Elf Jahre später sollte die neu errichtete Filzspielwarenfabrik Steiff 5480 Spieltiere produzieren. 1904 errang der Steiff-Bär auf der Weltausstellung in St. Louis eine Goldmedaille. Fast eine Million Bären verließen schließlich die Giengener Fabrik im Jahr 1907. Auch Arbeitsplätze schaffte die Unternehmerin in Giengen und Umgebung. 1897 arbeiteten zehn angestellte Näherinnen und dreißig Heimarbeiterinnen für Margarete Steiff. In ihrem Todesjahr 1909 waren in ihrer Firma 400 Personen angestellt und mehr als 1800 Heimarbeiterinnen lieferten zu.

Bild 9: Die Unternehmerin Margarete Steiff (1847–1909).

Wie hat die behinderte Unternehmerin ihren Aufstieg aus der stadtbürgerlichen Handwerkerschaft ins Wirtschaftsbürgertum erlebt und bewertet? Persönliche Äußerungen sind rar. Beobachten lässt sich, dass das eigene Herkunftsmilieu auch für die Wirtschaftsbürgerin prägend blieb. Wichtig war die Anbindung an die eigene Familie im Privatleben und bei der Arbeit. Aus dem Kreis der Neffen rekrutierten sich die leitenden Angestellten des Unternehmens. Ihre Ausbildungsgänge lassen darauf schließen, dass die Anstellung bei Tante Gretl selbstverständlich war. Über der Lebensgestaltung der Unternehmerin wehte bis zuletzt der Geist des Pietismus. Die ledige Wirtschaftsbürgerin scheint keinen Platz in der politischen Öffentlichkeit ihrer Gemeinde oder gar Württembergs gesucht zu haben. Vermutlich hat die schwäbische Mittelstadt in der Provinz kein entsprechendes Rollenvorbild geboten. Erlaubt und von Margarete Steiff gepflegt, war eine gewisse Übernahme sozialer Verantwortung gegenüber der eigenen Belegschaft, aber auch in wohltätigen Vereinen. Offenbar trug man der reüssierenden Unternehmerin im frühen 20. Jahrhundert entsprechende Mitgliedschaften an. Verbindungen zu den modernen Gedanken der zeitgenössischen Frauenrechtlerinnen sind nicht überliefert. Von ihren im pietistischen Mädchenpensionat Wilhelmsdorf ausgebildeten Nichten, die vor ihren Heiraten selbstverständlich den Haushalt bei fremden Familien im Kreis der Verwandten und Geschäftspartner erlernten, erwartete sie in erster Linie eines: die Erfüllung der traditionellen Frauenrolle in Haushalt und Familie. *Ist's nicht ein Wunder*, konnte der Pfarrer bei Margarete Steiffs Beerdigung 1909 schließlich fragen, *wenn so ein armes, schwaches, gebrechliches und hilfloses Menschenkind, von dem man in der Kindheit wohl voll Sorge gefragt hat: wie wird's ihr gehen? Wie wird sie sich durchbringen? Im späteren Leben tausend andere versorgt, tausend anderen durchhilft und nicht allein das anerkannte Haupt ihrer Familie, sondern die Gründerin und Leiterin einer Weltfirma wird?* (ebd. 298). Anlässlich ihres Todes wurden in Giengen die Fahnen auf Halbmast gesetzt.

Die reifen Jahre

Religion als Lebenshilfe?

Das 19. Jahrhundert gilt als diejenige Zeit, in welcher der Einfluss der Konfessionen auf das weltliche Leben mehr und mehr zurückgedrängt wurde. Schon am Beginn des bürgerlichen Zeitalters erzwang die Säkularisation den Rückzug der katholischen Kirche aus weltlichen Machtbereichen. Über das ganze Jahrhundert hinweg rangen Kirchen und Staatsmacht um die Richtlinienkompetenz auf dem Bildungssektor. Bismarck legte sich im berühmt-berüchtigten Kulturkampf mit der katholischen Kirche an. Es spricht daher einiges dafür, dass der Einfluss der Konfessionen auf die Lebenswelten und Erfahrungen von Bürgerinnen im Kaiserreich zurückging. Doch der Schein trügt. Nach wie vor war es wichtig, welcher Konfession man angehörte. Im protestantisch geprägten Wilhelminischen Kaiserreich scheinen sich die Konfessionsgrenzen von neuem gestärkt zu haben. Katholiken galten als bildungsfern und in nationalen Fragen als wenig verlässlich. Ende des Jahrhunderts machte sich ein wachsender Antisemitismus bemerkbar. Jenseits der konfessionellen Zuschreibungen unterstellt die Forschung den Zeitgenossinnen des 19. Jahrhunderts gerne engere religiöse Bindungen als den Männern jener Epoche. Tatsächlich nehmen in den Erinnerungen bürgerlicher Damen Religiosität und alltägliches religiöses Leben keineswegs eine nebensächliche Rolle ein.

In den Erzählungen der Protestantinnen spielt die Konfirmation eine beachtliche Rolle. *Die Vorbereitung zur Einsegnung bei dem Domprediger Pastor Nieter gab mir seelisch größere Ruhe und Trost. – Es wurde mir klar, dass ich nur durch Selbsterziehung weiterkommen konnte – und nicht die Schuld in allen möglichen Einflüssen zu suchen hatte* (Heyl, 1925, 4), erinnert sich Hedwig Heyl. Doch nicht selten steht nicht religiöses Erleben im Mittelpunkt, sondern Kritik an pädagogisch wenig sinnvoller Unterweisung. Für Margarethe Krupp beispielsweise blieb der private und öffentliche Konfirmationsunterricht *ohne jeglichen Einfluss* […] *denn ich war absolut nicht reif dafür, und unsere häusliche Beeinflussung bestand nur in regelmäßigem Tisch- und Abendgebet, woran sich unverstandener Kirchenbesuch mit Schulfreundinnen anschloss. Ostern 1868 wurde ich meiner eigenen Überzeugung nach völlig verständnislos konfirmiert* (Friz, 2009, 47). Ähnliches berichtet Anna Pappritz.

Auch jenseits der hohen kirchlichen Feste spiegeln die Erzählungen aus dem Alltag die große Bedeutung religiöser Einstellungen in den Familien. Marie Wegner beispielsweise berichtet über ihren Aufenthalt bei der Tante, der immerhin für die Zwölfjährige vier Jahre dauern sollte: *Und als mir oft kleine Ungezogenheiten als böswillige Schlechtigkeit vorgeworfen wurde, die aus Mangel an Frömmigkeit entstanden sei, da glaubte ich wirklich ich sei eine Verbrecherin und versuchte durch vielen Kirchenbesuch, Lesen von frommen Büchern etc. das Versäumte wieder gut zu machen* (Bettin, 2003, 180). Margarete Steiff wuchs in einer pietistisch geprägten Familie auf. Tiefe Religiosität und der Einfluss religiös begründeter Normen auf den Lebensalltag durchziehen ihre Briefe. *Ich und alle waren über Ostern recht froh, besonders, dass Franz da ist und sich wieder recht an die Familie anschließt*, schreibt sie erleichtert einer Nichte über ihren Cousin. *Auch ging er aus freien Stücken zum heiligen Abendmahl. [...] Gebe Gott, dass er die Kraft behält, seine unglücklichen Ideen zu bekämpfen. Sein letzter freiwillig gewählter Kuraufenthalt in der Schweiz hat ihm klar gemacht, dass man bei den Eigenen doch am meisten Liebe findet. Auch Tante Pauline ging nach langer Zeit wieder zur Kirche und zu Gottes Tisch. Sie ist sehr ruhig und lieb, aber das Heimweh nach Paula* [ihrer verstorbenen Tochter] *ist immer dasselbe. Doch wenn sie es jetzt mehr aus Gottes Hand annimmt, dann lässt sich das schwerste Leid leichter tragen. Vergiss doch das Beten nicht und lese in deinem Neuen Testament. Das kann dir als Übung gute Dienste leisten* (Katz, 2011, 257 f.). Franziska Tiburtius war die Enkelin eines Pastors. Die Schwester eines Pastors zählte zu ihren Erzieherinnen und eine ihrer Schwestern wurde Pastorengattin. Dass die religiösen Einflüsse in ihrem Leben stark waren, ist zu vermuten. Auch im Verwandtenkreis Clara Eißners, die als Clara Zetkin zur Symbolfigur der proletarischen Frauenbewegung avancierte, gab es einen Pastor. Die Kirche hatte die Ausbildung ihres Vaters zum Lehrer gefördert. Neben der Lehrertätigkeit übte der konfessionstreue Lutheraner das Amt des Kantors aus. In ihrem Lehrerinnenexamen erhielt seine Tochter im Fach Religion die Note eins. Noch nach ihrer Hinwendung zur Sozialdemokratie widmete die 22-jährige Hauslehrerin einer Schülerin ein Zitat Christoph August Tieges aus einem Erbauungsbuch: *Lass die Winde stürmen/Auf des Lebens Bahn,/Lass sich Wolken türmen/Gegen Deinen Kahn,/Schiffe ruhig weiter,/Wenn der Mast auch bricht,/Gott ist Dein Begleiter,/Er verlässt Dich nicht* (Puschnerat, 2003, 219).

Bild 10: Elisabeth Gnauck-Kühne (1850–1917), Lehrerin, Mädchenpensionatsleiterin und Repräsentantin der protestantischen wie der katholischen Frauenbewegung (zweite von rechts, hintere Reihe).

Von Berufswegen dürfte Religion zumindest bei denjenigen Bürgerinnen, die ein Lehrerinnenseminar absolviert hatten, eine große Rolle gespielt haben. Üblicherweise lag in kirchlich oder staatlich geführten Seminaren ein großes Gewicht auf der religiösen Unterweisung, und der ganze Geist der Einrichtung pflegte das religiöse Konzept des Landesherren widerzuspiegeln. Im sächsischen Callnberg beispielsweise, dem Lehrerinnenseminar, das Elisabeth Kühne besucht hatte, verwiesen schon die Reden anlässlich der Eröffnung 1856 auf die zentrale Rolle der Religion. *Die Weiherede stellte die Frage an die Spitze: Was ist der tiefe Gedanke, welcher dieser Anstalt zu Grund liegt? und bezeichnet ihn in Anschluss an die evangelische Geschichte von Martha und Maria (Luc[as] 10,28–42) als den Mariendienst des weiblichen Geschlechts bei der geistigen Bildung und Erziehung unserer Kinder. Die Arbeit dieses Mariendienstes wird im Verlauf der Rede dahin bestimmt, dass sie gelte, der Entfaltung des inwendigen Menschen zu all den höheren Lebensentwicklungen, deren derselbe fähig ist, gelte vor allem der höchsten Lebensentwicklung und der seligsten Handreichung, welche die Erziehung einem Kinde tun kann, dass sie es nämlich ergreift und zu den Füßen Jesu führt* (Höser, 1906, 16), so die Wiedergabe der heute schwulstig klingenden Worte in der Festschrift Callnbergs zum fünfzigjährigen Bestehen 1906. Lapidarer brachte es der Theologe und Seminardirektor Dr. Eduard Weber auf den Punkt. Er *bekannte sich in seiner Antrittsrede über 1. Cor*[inther] *3, 11–13 entschieden zu Jesu Christo, als dem Grunde unseres Unterrichts, unserer Zucht, unseres gesamten Lebens* (ebd.). Entsprechend wies der Seminarstundenplan wöchentlich vier bis sechs Stunden in religiöser Unterweisung aus. Zwar wurde im Verlaufe der 1870er und 1880er Jahre die Bedeutung der Religion im Schulunterricht zugunsten patriotischer Unterweisungen zurückgedrängt. Dass jedoch diejenigen Bürgerinnen, die ein Lehrerinnenseminar durchliefen, als junge Erwachsene noch einmal intensiv mit christlichen Glaubensinhalten belehrt wurden, kann man ohne Zweifel annehmen.

Protestantische Unternehmergattinnen fühlten sich in der Pflicht, die Religiosität des eigenen Personals zu untermauern. *Sonntags versammelten sich die Hofbewohner im Saal mit den Hausbewohnern*, so Hedwig Heyl, *mein Mann spielte Harmonium und ich las mit einigen Einschaltungen persönlich treffender Bemerkungen – Schleiermacher und Sydows Predigten. – Die Kirchgänge waren weit und der Sonntagmorgen ein besonders begehrter Ruhepunkt für alle, die schwer gearbeitet hatten in der Woche* (Heyl, 1925, 23 f.).

Im Falle der Gründerin der protestantischen Frauenbewegung, Elisabeth Gnauck-Kühne, führten eigene (Berufs-)erfahrungen und persönliche Lebenskrisen verbunden mit tiefer Religiosität gar zur Konversion. Schon als Kind schien ihr die puritanisch geprägte religiöse Welt ihrer Umgebung karg und freudlos, verglichen mit den als tröstlich empfundenen Ritualen der katholischen Kirche. Später engagierte sie sich in der evangelisch-sozialen Bewegung, die ihr eine religiöse Heimat für ihr soziales Engagement im Interesse der Verbesserung der sozialen Lage von Frauen und insbesondere von Arbeiterinnen bot. *Die Zugehörigkeit zu diesem ausgezeichneten Kreis war das Band, das mich mit der evangelischen Seite verknüpfte. Hier hörte ich Stoecker und Naumann, hier hatte ich Unterstützung in der Frauenfrage durch den Generalsekretär Göhre und den langjährigen Vorsitzenden Herrn D. R. Robbe. Den genannten vier Herren und der Fürsprache des Herrn Geheimrat Professor Dr. Wagner verdankte ich die Möglichkeit, über die soziale Lage der Frau im Kongress von 1895 sprechen zu dürfen* (Simon, 1928, 188). Ihr Hauptreferat auf dem 6. Evangelisch-Sozialen Kongress in Erfurt gilt als Geburtsstunde der protestantischen Frauenbewegung. Aber die berufstätige ledige Schulleiterin, deren späte Ehe nach wenigen

Monaten scheiterte, störte sich am protestantischen Frauenideal, das eigentlich nur eine Rolle für die Frau vorsah: die der Ehefrau. Vielseitiger erschienen Elisabeth Gnauck-Kühne die katholischen Frauenbilder, die neben der Ehefrau, die berufstätige (Ordens-)Jungfrau und die in der Gemeinde wirkende Witwe hochhielten. 50-jährig konvertierte sie zur katholischen Kirche, ein zeitgenössisch viel beachteter und kommentierter Schritt. Danach gehörte sie zu den Gründerinnen des „Katholischen Deutschen Frauenbundes". Ihr engagiertes Eintreten für die Arbeiterinnen ihrer Epoche sollte ihr schließlich den Beinamen „katholische Zetkin" eintragen. Mit den Vorstellungen auch der katholischen Kirche über die Gehorsamkeitspflicht der Frau gegenüber ihrem Ehemann hat sie sich indes nie abfinden können.

Nur eine Gruppe der Bürgerinnen hielt sich in religiösen Fragen sichtlich zurück: die Jüdinnen. Viele von ihnen waren im Prozess der jüdischen Assimilation an die christliche Mehrheitsgesellschaft ohnehin zum Protestantismus konvertiert. Schon Hedwig Dohms Vater hatte den Schritt für sich und seine Familie vollzogen. Aus den Schlesingers waren die Schlehs geworden. Auch Wilhelm Ernst Dohm, der Ehemann Hedwigs, war noch als Elias Levy geboren worden, bevor seine Eltern verbunden mit Namensänderungen zum Protestantismus konvertierten. Und im Leben von Hedwig Dohms gleichnamiger Tochter, die mit dem assimilierten religionslosen Mathematikprofessor jüdischer Herkunft Alfred Pringsheim verheiratet war, dürften religiöse Fragen ebenfalls keine Rolle gespielt haben. Die Prager Jüdin Auguste Sobotka indes, die zusammen mit ihrem Ehemann Benno Hauschner Mitte der 1870er Jahre nach Berlin gezogen war, galt als bekennende Jüdin. Doch von praktizierter jüdischer Religiosität ist in ihren biografischen Zeugnissen nicht die Rede. Stattdessen ist bekannt, dass sie für die Gleichstellung der Juden mit den Christen in der wilhelminischen Gesellschaft kämpfte – wohl eher ein säkulares als ein religiöses Ziel, dem Jahrzehnte später der Nationalsozialismus harte Grenzen zog. Unvermittelt wurden Konfessionsfragen zu existentiellen Lebensfragen. Davon war man im Wilhelminischen Kaiserreich noch weit entfernt, auch wenn Antisemitismus alltäglich war. Die Sorge, die Tochter habe zu viel mit Juden zu tun, bewegte beispielsweise den Vater von Lily Kretschmann dazu, seine Tochter nicht in eine private höhere Mädchenschule einzuschulen. Und Thomas Mann berichtete seinem Bruder mit Erleichterung, dass der Familie seiner späteren Frau nichts *Jüdisches* anhafte. Es war nicht frei von Religionsfragen, das säkulare bürgerliche Jahrhundert. Doch keine der schreibenden Bürgerinnen erzählt davon, dass die Religion im Alter besondere Hilfestellungen bereitgehalten habe.

Witwen auf dem Abstellgleis?

Witwer, heißt es im „Brockhaus" von 1887 lapidar, nennt man einen *Mann, der seine Frau durch den Tod verloren hat; er ist nach gemeinem Recht nicht, wie die Witwe verpflichtet, eine Trauerzeit einzuhalten, kann aber meist nur dann zur zweiten Ehe schreiten, wenn er sich mit seinen Kindern erster Ehe wegen deren mütterlichen Nachlasses abgefunden hat.* Außer erbrechtlichen Fragen, bezogen auf seine Kinder, war im Falle männlicher Witwerschaft offenbar wenig zu diskutieren. Das sah bei der *Witwe* anders aus. Verglichen mit dem Eintrag zum *Witwer*, widmete der „Brockhaus" ihr einen Artikel in sechsfacher Länge. Frauen, *die ihren Gatten durch den Tod* verloren haben, so erfahren wir, behalten den Namen und Rang des Mannes, den Wohnsitz und damit die Armenunterstützung der Gemeinde. Der Stand einer Frau, die zuvor im Wesentlichen über ihren Ehemann definiert worden war, bedurfte nun offenbar etlicher Klarstellung. Die Kinder, die bis zehn Monate nach dem Tod des Mannes geboren werden, gelten als ehelich. *Die Witwe hat ein Jahr lang um den verlorenen Mann zu trauern*, heißt es weiter. Unterschiedliche Erbrechte in den einzelnen Ländern des Deutschen Reiches regelten ihre Ansprüche auf das Vermögen des Mannes. Hier sollte erst die Einführung des Bürgerlichen Gesetzbuches (BGB) im Jahr 1900 eine einheitliche Rechtslage schaffen. Es sah in der Regel Gütergemeinschaft des Ehepaares und die Verwaltung des Vermögens durch den Ehemann vor. Nach dem Tod eines Partners fiel dem anderen die Hälfte des gemeinsamen Besitzes zu. An der anderen Hälfte war er zu einem Viertel beteiligt, wenn aus der Ehe erbberechtigte Kinder hervorgegangen waren. Durch Erbverträge oder Testamente konnten abweichende Regelungen getroffen werden. Ein eineinhalb Spalten umfassender weiterer Artikel im „Brockhaus" über Witwenkassen verdeutlicht, dass das eigentliche Problem der Witwenschaft die Frage darstellte, wovon eine berufslos gedachte verwitwete Ehefrau eigentlich leben sollte. Staatsbeamten stand eine Pension zu, die auf ein Drittel oder 40 % verringert auch der Witwe zu Gute kam. Selbstständige mussten für den Fall des Todes des Familienvorstands private Vorsorge treffen, sei es durch verzinsliches Vermögen, Versicherungen oder Regelungen mit den erwachsenen Nachkommen. Sie

„erbten“ mit der Übernahme des elterlichen Geschäfts auch die Pflicht zur materiellen Unterstützung der verwitweten Mutter. Wie schlecht oder gut sich die materielle Situation einer Witwe darstellte, hing vom familiären Wohlstand und den getroffenen Maßnahmen für den Todesfall des Ehemannes ab. Zeitgenössischen Untersuchungen zufolge galt ein Viertel der Witwen als gut situiert, über 20 % auf der anderen Seite als arm. Für die meisten Frauen bedeutete Witwenschaft in jedem Fall materielle Einschränkungen und einen Funktionsverlust etwa in Geschäftshaushalten, die nun an die nächste Generation übergeben wurden. Witwen gingen sehr viel seltener als verwitwete Männer wieder eine Ehe ein. Auch in den zeitgenössischen Konversationslexika wurde eine Wiederheirat eher negativ bewertet. Dabei hieß es gleichzeitig: *Die Frau geht ganz auf in der Liebe und Ehe* […]. *Die Witwe, zumal wenn sie keine Kinder zu erziehen hat, ist nutzlos und zwecklos auf der Welt.* (Giesebach, 1873, 49). Guter Rat war gefragt, wenn eine Frau auch als Witwe ein zufriedenstellendes Leben und gesellschaftliche Wertschätzung anstrebte.

Dabei war Witwenschaft ein Stand, mit dem viele Bürgerinnen Erfahrungen sammeln konnten. Hatten sie die durchaus gesundheitsgefährdende Phase der Schwangerschaften und Geburten überstanden, sprach vieles dafür, dass sie ihre Männer überlebten. Die Lebenserwartung erwachsener Frauen war durchschnittlich höher als die der Männer und der im Bürgertum übliche Altersunterschied vergrößerte die Chance, eine mehrere Jahrzehnte umfassende Lebensphase als Witwe zu verbringen.

Um die Jahrhundertwende waren nach den Berechnungen Lily Brauns 13 von 100 Frauen in einem Alter über 15 verwitwet. Elisabeth Gnauck-Kühne errechnete aus der Reichsstatistik von 1895, dass beachtliche 39,4 % der Frauen in einem Alter über 50 verwitwet waren. Zusammen mit den ledig Gebliebenen über 50-jährigen stellten sie die Mehrheit ihrer Altersgruppe.

Wissen wir, wie Bürgerinnen selbst ihren Witwenstand bewertet haben? Es gibt Zeugnisse höchst unterschiedlicher Erfahrungen. Besonders einschneidend dürften Angehörige des Wirtschaftsbürgertums den Tod des Ehemannes empfunden haben. Die 48-jährige Margarethe Krupp beispielsweise sah sich 1902 nach dem Tod ihres Mannes plötzlich vor der Aufgabe, zumindest nominell das Krupp'sche Unternehmen zu leiten. Denn ihr Mann hatte verfügt, dass das Werk nach seinem Tod in eine Aktiengesellschaft umgewandelt wird. Die Aktien mussten entsprechend großväterlicher Vorgaben im Familienbesitz bleiben, die ältere Tochter Bertha, beim Tod des Vaters 16 Jahre alt, wurde Haupterbin. Bis zu deren Volljährigkeit oder Heirat sollte die Witwe nun treuhänderisch wirken. Doch Friedrich Alfred Krupp hatte kein allzu großes Vertrauen in weibliche Unternehmensführung. *Ich halte nach dem Umfang der Ansprüche, die die oberste Leitung des Werkes an den Leitenden stellt, für ausgeschlossen, dass diese Aufgabe einer Frau angesonnen und von ihr gelöst werden kann, selbst wenn sie sich ihr mit der Gewissenhaftigkeit, Umsicht und Energie widmet, welche Dir zu Gebote stehen* (Friz, 2009, 387), schrieb der Unternehmer in eine Brief an seine Frau, den er für den Fall seines Todes hinterlegte. Krupp stellte seiner Frau testamentarisch vier Beistände zur Seite, die Testamentsvollstrecker und zwei weitere Direktoriumsmitglieder des Werkes. Ihnen oblag nun faktisch die Leitung des Unternehmens in den nächsten Jahren. *Am allermeisten kannst du während der Regentschaft im sozialen Bereich bewirken.* [...] *Aber ganz wichtig ist uns allen auch, dass du dich weiterhin um das Bild kümmerst, das Krupp in der Öffentlichkeit bietet* (ebd. 387 f.), ließ sie der Chef der Dresdner Bank, Testamentsvollstrecker und nominierter Beistand wissen, und diesem Rat gemäß handelte Margarethe Krupp bis zur Heirat ihrer Tochter Bertha. *Es blieben die Pflichten in Bezug auf das Werk zu erfüllen. Die bisherige Repräsentation nach Außen war weiter aufrecht zu erhalten und natürlich war es auch mein Bestreben, im Sinne meines Mannes nicht nur allgemeine Wohlfahrtspflege zu üben, sondern auch die Beziehungen mit der zahlreichen Beamtenschaft des Werkes aufrecht zu erhalten und meine halberwachsenen Töchter in die Interessen der geschäftlichen Unternehmungen einzuführen* (ebd. 377).

52 Jahre war sie alt, als sie ihre Funktionen in der Aktiengesellschaft an ihren Schwiegersohn abtrat. Symbolisch vollzog sich der Abschied von der begrenzten Macht und der Hauptrolle in der Krupp'schen Sozialtätigkeit durch den Umzug aus dem Haupthaus in ein Nebenhaus auf dem Firmengelände. Bis zu ihrem Tod 1931 verging fast ein Vierteljahrhundert, über das sie selbst in der Rückschau nur wenig zu berichten weiß. Sie erzählt von Freude an der Enkelschar, Reisen, die durch den Ersten Weltkrieg und die nachfolgenden Krisenjahre eingeschränkt wurden und soziale Nächstenliebe, nun im Rahmen bei der Firmenübergabe getätigter Stiftungen ausgeführt. Ein eigenständiges Leben jenseits der Rolle der Krupp-Witwe, nach den langen Jahren einer wenig glücklichen Ehe, hat sie sich anscheinend nicht mehr aufbauen können.

Ganz anders klingt der Bericht Hedwig Heyls. Die Unternehmerehefrau und Mutter von fünf Kindern verwitwete im Alter von 39 Jahren.

Georg Heyl hatte testamentarisch vertrauensvoll die Leitung der Fabrik seiner Frau in die Hand gegeben. *Die Arbeiter und Werkmeister, die jahrelang mein Interesse für sie fühlten, machten mir die Arbeit leicht, und der tägliche Gang durch die ganze Fabrik zeigte mir nur freundliche mitleidige Gesichter. In den Büros war es schon anders. Langjährigen Prokuristen gegenüber musste ich durch Orientiertheit erst mal imponieren – und mir die Stellung erkämpfen, die mir zukam. Viele kleine Steine wurden mir in den Weg gelegt*, erinnert sich Hedwig Heyl, *Ich war immer auf der Wacht, mir keine Blößen zu geben, und fühlte mich in meiner Stellung als Vertreterin der Frauenwelt, die zu zeigen hatte, was sie konnte* (Heyl, 1925, 51). Sieben Jahre leitete die Witwe die Fabrik selbstständig, fachkundig und mit hartem Regiment. Danach wurde das Unternehmen in eine Aktiengesellschaft umgewandelt. Dafür, dass es um die Witwe gesellschaftlich nicht einsam wurde, sorgten die Freunde des Hauses. *Jede Woche nach wie vor versammelten sie sich um meinen Abendtisch, und obgleich ich schweigsam oft mit meinen Gedanken wo anders weilte – unterhielten sie sich vom Wogen der Welt und der Kunst* [...] *So wurde ich ihrem Leben nicht fremd, sie nicht meinem* (ebd. 53). Dazu trat eine Fülle wohltätiger Aufgaben, die Hedwig Heyl im Kontext der bürgerlichen Frauenbewegung übernahm. Mehr und mehr sollten sie ihre Zeit füllen, und in ihren Erinnerungen treten familiäre Ereignisse entsprechend zurück. 1904 übertrug ihr der „Bund Deutscher Frauenvereine" (BDF) die Aufgabe, den Internationalen Frauenkongress in Berlin vorzubereiten. 1912 organisierte sie die renommierte Ausstellung „Die Frau in Haus und Beruf". *Das persönliche Leben brachte viele Geschehnisse, die durch die große Familie, durch meine vielen Ämter und gesellschaftlichen Beziehungen sich ergaben. Die sorgfältigste Zeiteinteilung ermöglichte es, dass alle Pflichten ohne Hetzerei und Zerfahrenheit erledigt wurden. Nur das Herz war zuweilen schwer angespannt. Ich habe mich oft selbst gewundert, wie viel ihm zugemutet wurde. Nur eine straffe Selbsterziehung, gegründet auf die hohe Quelle aller Kraft, überwand das Leben. Das Bewusstsein, als begabte Schöpfung Gottes die Trägerin guter, hoher Gedanken zu sein, und die Verpflichtung des Wirkens stark zu empfinden, hat mich vor den zermalmenden Schmerzen geschützt* (ebd. 91), schreibt Hedwig Heyl in der Rückschau. Nach einsamen Leben auf dem Abstellgleis im Witwenstand klingt diese Selbstsicht nicht.

Witwenschaft konnte ungeahnte Freiheit bedeuten. *Wie leicht, wie elastisch der Gang der Mutter ist*, so die Beobachtung Lily Brauns über ihre frisch verwitwete Mutter. *Ihre Wangen waren gerötet, der bittere Zug um ihren Mund wie weggewischt, die schmalen, blassen zusammen-*

gepressten Lippen wölbten sich plötzlich, wie von jungem Blut durchglüht. ‚Nun kann ich reisen!' sagte sie mit einem Aufleuchten in den Augen. [...] Nach Italien wollte sie zuerst. Sie erzählte von einem ganzen Stoß kunsthistorischer Bücher, die sie mitnehmen wollte. ‚Ich bin nie zum Lesen gekommen', meinte sie; ‚wie viel hab ich versäumt, wie viel kann ich nachholen!' [...] ‚Du bist erstaunt?' lächelte sie. ‚Du wirst es noch erfahren, wie die Pflicht, für andere zu leben, uns Frauen fast bis zur Selbstvernichtung treiben kann.' Ich fand keine Antwort. Wie unglücklich musste sie gewesen sein, – und wie unglücklich gemacht haben, da sie fünfunddreißig Jahre lang nur aus Pflichtgefühl die Ketten der Ehe getragen hatte! (Braun, 1985, 586 f.). Nicht selten schuf Witwenschaft den Raum, endlich die Dinge zu tun, für die vorher keine Zeit war oder die dem Willen des Ehemannes entgegenstanden. Auguste Hauschners literarische Tätigkeit erlebte einen Aufschwung in der Witwenschaft. *Ihr Mann hat sie sicher nicht dazu animiert, sie aber auch nicht daran gehindert*, meint Hedwig Pringsheim bezogen auf die frauenrechtlerische Schriftstellerei ihrer Mutter Hedwig Dohm (Pringsheim, 1930a, 313). Tatsächlich veröffentlichte *die Vorkämpferin für ihr Geschlecht* viele ihrer Texte und Romane erst als Witwe.

Witwenschaft mochte andererseits auch ein Leben bedeuten, das angesichts beengter finanzieller Verhältnisse und fehlender sozialer Netze nichts als Leere und Warten auf den eigenen Tod bereithielt. *Nun konnte ich lesen, lesen, so viel ich wollte*, lässt Hedwig Dohm in ihre Novelle „Werde, die du bist" die Ich-Erzählerin, die 54-jährige Witwe Agnes Schmidt berichten. *Und ich lese, Romane wie ich sie früher liebte, in der Art der Marlitt. Sie gefallen mir nicht mehr, ich lese oft mechanisch, ohne zu wissen was. Es ist mir so gleichgültig, was darin steht, aber so gleichgültig. Ich machte feine Stickereien für die Kleider meiner Enkelchen. Grete und Magdalene bedankten sich sehr schön dafür, ich las aber zwischen den Zeilen, dass diese Art Stickerei nicht mehr Mode sei. Und ich sollte meine armen, alten Augen schonen, schrieben sie. Meine armen, alten Augen sind doch aber ganz gesund. Ich habe das Sticken aufgegeben. Was nun? Ich begieße die Blumen, die Wasser genug haben, ich wische Staub von den Möbeln, auf denen kein Staub mehr liegt. Ich bleibe oft mitten im Zimmer stehen und sehe mich um, was ich tun könne. Wie hässlich mein Zimmer ist! So viel gehäkelte Deckchen! Ich nehme die gehäkelten Deckchen ab und lege sie wieder hin. [...] Gestern fiel mein Blick zufällig in den Spiegel. Ich erschrak. Mein Gott, ich war ja eine alte Frau* (Dohm, 1894, 21).

Bild 11: Hedwig Dohm (1831–1919), engagierte Schriftstellerin in Fragen der Gleichberechtigung.

Alles in allem scheint der Handlungsspielraum von Witwen sehr viel mehr variiert zu haben, als die zeitgenössische normative Literatur glauben lässt. War das Einkommen geregelt, dann bot sich eine Fülle von Möglichkeiten, das eigene Leben selbstbestimmt zu gestalten. Voraussetzung hierfür aber dürfte wohl gewesen sein, dass sich die Dame des Hauses schon zu Lebzeiten ihres Mannes einen eigenen Bereich von Tätigkeiten erobert hatte, die nun im neuen Lebenstand weitertrugen.

Freundinnen

Der Status einer alleinstehenden Frau zeitigte nicht nur Folgen für den eigenen Lebensunterhalt oder die möglicherweise angestrebte ökonomische Selbstständigkeit. Kaum ein Lebensbereich von Bürgerinnen war nicht zumindest mit vom eigenen Familienstand beeinflusst. Das zeigte sich bereits bei der Gestaltung der Freizeit. Schon ein Spaziergang zu abendlicher Stunde ohne Begleitung konnte einer Dame den Verdacht der Prostitution einbringen. Sexualität außerhalb der Ehe war für Bürgerdamen ohnehin kaum denkbar. Selbst der Unterhalt einer eigenen Wohnung, einer Witwe mit entsprechender Versorgung zugebilligt, galt für ledige Fräuleins als unschicklich. Lehrerinnen wie Mathilde Lammers lebten nicht selten in Räumlichkeiten auf dem Schulgelände. Die Ärztin Franziska Tiburtius teilte eine Wohnung mit ihrem Bruder und der Schwägerin. Jenseits aller sittlichen Vorbehalte fehlte ohnehin den meisten alleinstehenden Frauen ein Einkommen, das eine selbstständige Haushaltsführung überhaupt erst ermöglicht hätte.

Geduldet wurde die enge Freundschaft zwischen alleinstehenden Frauen und ihre gemeinsame Haushaltsführung. Viele der unverheirateten Akteurinnen der bürgerlichen Frauenbewegung pflegten enge Verbindungen mit anderen Frauenrechtlerinnen. Der gemeinsame Erfahrungshintergrund in Beruf und politischer Arbeit mündete nicht selten in tiefe private Freundschaften, mitunter auch in den Unterhalt einer gemeinsamen Wohnung. Älteren ledigen Frauen wurde der solchermaßen organisierte Ausbruch aus der Familie und der Sprung in die Selbstständigkeit von der Gesellschaft verziehen.

Wie Louise Otto in den „Neuen Bahnen" 1890 erläuterte, *ist es nun jetzt sehr* üblich *geworden, dass zwei so alleinstehende Freundinnen ziemlich gleichen Alters, gleicher Lebensanschauung und Gewohnheiten, als auch gleicher pekuniärer Verhältnisse, oft auch gleichen Berufes zusammenziehen und einen gemeinsamen Haushalt einrichten.* [...] *Dann genießen sie zusammen einen friedlichen Feierabend, sind bewahrt vor dem oft schweren Los eines vereinsamten Alters.* [...] *Außer der idealen Seite des freundschaftlichen Zusammenseins kommt noch die sehr praktische dazu, dass so der Haushalt viel weniger kostet und dabei größere Annehmlichkeiten bietet als wenn jede der Damen einen solchen für sich allein führt. Schon die Wohnung kostet keineswegs das doppelte – auch wenn jede der Damen 2 Zimmer für sich allein hat – Salon, Küche und Vorratsräume werden sie doch gemeinsam benutzen. Statt 2 Dienstmädchen genügt eine Bedienung. In Krankheitsfällen ist jede der Damen die zarteste Pflegerin der anderen, Reisen, Ausfahrten und Sommerfrischen – bei allen wird durch das Gemeinsame erspart. Und wie viel größer sind noch die Vorteile im Alter – wo alte Damen nicht mehr allein ausgehen können oder auch nur nicht wollen* (Otto, 1890, 137–140).

Elisabeth Gnauck-Kühne, wohl eher an die Lebensweise religiöser Lebensgemeinschaften denkend, formuliert in ihrer Analyse „Die deutsche Frau um die Jahrhundertwende": *Für die weiblichen Erwerbstätigen aller Klassen, die dem Familienleben entrückt sind, gilt es Formen gemeinschaftlichen Lebens zu finden. Die deutsche Vergangenheit bietet bewährte Muster, die für Berufsarbeiterinnen zweckentsprechend auszu-*

gestalten und Zeitbedürfnissen anzupassen sein würden (Gnauck-Kühne, 1904, 163). Sie selbst pflegte eine tiefe Freundschaft mit Ida Ernst, eine „Wahlverwandtschaft" oder „Mutter-Tochter-Beziehung", die später in eine Wohn- und Lebensgemeinschaft mündete. Elisabeth Gnauck-Kühne hatte die 25 Jahre jüngere Musikstudentin 1903 kennengelernt. Beide wohnten zu diesem Zeitpunkt in einem Berliner Stift der Josephsschwestern. Ein Jahr später zog Ida Ernst zu der reichsweit bekannten Führerin der katholischen Frauenbewegung. *Ich bin glücklich*, schrieb Elisabeth Gnauck-Kühne an die Eltern ihrer jungen Freundin, *Fräulein Ernst bei mir zu sehen. Sie und ihre Frau Gemahlin haben drei Töchter, ich habe nie ein Kind gehabt, gönnen Sie mir das Glück, Fräulein Ernst als meine Tochter betrachten zu dürfen* (Böhm, 1997, 142). Bis zu Gnauck-Kühnes Tod 1917 blieb die töchterliche Freundin Vertraute, Sekretärin und Haushälterin. Selbst verheiratete Bürgerinnen bauten nicht selten nach ihrer Verwitwung die Beziehungen zu ehemaligen Angestellten und Mitarbeiterinnen zu tiefen Freundschaften aus. *Im eigenen Hause, das naturgemäß sehr oft als Lehrstätte diente – hatte ich meine treue, mir ergebene und mich verstehende Erzieherin meiner Kinder, die nach deren Erwachsensein die Überwachung des Hauses und vieles mehr übernahm* (Heyl, 1925, 60), schwärmt Hedwig Heyl. Auch dem Haushalt der verwitweten Margarethe Krupp gehört als Gesellschafterin Margarethe Brandt, die ehemalige Hauslehrerin ihrer Töchter an. Im Alter von 20 hat sie nach Abschluss des Lehrerinnenexamens die Erziehung der Krupp-Erben übernommen. *Sie verlässt den Hügel erst wieder nach Margarethes Tod. Insgesamt ist sie 41 Jahre lang Teil der Familie, geachtet, respektiert, geliebt und auch später nicht vergessen* (Friz, 2009, 228), schreibt die Enkelin in ihrer Biografie Margarethe Krupps.

Reisen

Das 19. Jahrhundert gilt als das Jahrhundert des Reisens im Allgemeinen und der reisenden Frauen im Besonderen. Die Zunahme des Reiseverkehrs hatte viel mit der Erleichterung des Reisens durch technische Hilfsmittel zu tun. Mehr und mehr wurde es möglich, das beschwerliche und langsames Unterwegs sein mit Kutschen durch andere Reiseformen zu ersetzen. Pedalfahrräder machten europaweit in den 1860er Jahren von sich Reden. Schon 1835 war die erste dampfbetriebene Eisenbahn in Deutschland eröffnet worden, doch der Beginn des eigentlichen Ausbaus des deutschen Eisenbahnnetzes fiel in die 1860er und 1870er Jahre. Von da an ging's bergauf. 27 930 km Schienen waren 1875 verbaut. Mit 58 298 km brachte es das staatliche Eisenbahnnetz des Deutschen Kaiserreichs auf mehr als das doppelte im Jahr 1912. 1886 ließ Carl Benz ein Fahrzeug patentieren, das mit Benzin selbstständig fahren konnte. Drei Jahre später ging der erste Hochseedampfer ohne jegliches Segel vom Stapel. Die Zeichen der Zeit standen auf Zunahme der Reisegeschwindigkeit und des Reisekomforts. Entdeckerreisen der Geographen im unbekannten Afrika, publizierte Reiseberichte von Forschern aller Richtungen, der ungeheure Strom von Amerikaauswanderern und der Ausbau der Kolonialreiche, schließlich die Entdeckung der Sommerfrische taten ihr Übriges: Reisen war angesagt. Wer es sich leisten konnte, war mobil. Auch die Lebensberichte und Briefe der Bürgerinnen zeugen davon, wie viel gereist wurde und wie gerne man den Freunden und Verwandten davon berichtete.

Alleine zu verreisen war für bürgerliche Damen im jüngeren Alter kaum möglich. Ihre Reisen führten zumeist zu Verwandten im In- und Ausland und wurden von den Eltern sorgfältig organisiert und begleitet. Marie Witt, später verheiratete Wegner, beispielsweise besuchte 18-jährig zusammen mit der Mama mehrere Monate eine Schwester des Vaters, die in London verheiratet war. Hedwig Dohm reiste mit der Mutter zu ihrem Bruder nach Spanien. Erzieherinnen aus bürgerlichen Kreisen scheinen Engagements im europäischen Ausland bevorzugt zu haben, nicht zuletzt, um ihre Sprachkenntnisse zu verbessern. Zumindest ein längerer Aufenthalt als Erzieherin bei einer Familie in England scheint in ihren Kreisen obligatorisch gewesen zu sein. Elisabeth Kühne zum Beispiel hatte als Erzieherin in Privathaushalten Paris und London kennengelernt. Als junge Erwachsene träumte sie davon, Indien und China zu bereisen. *Eltern und Seminardirektor legen gleichermaßen ihr Veto ein* (Simon, 1928, 14). Nicht selten brachten später die Berufswege der Ehemänner häufige Wohnortwechsel mit sich. So folgte Emilie Bücher selbstverständlich den Lehrstuhlwechseln ihres Mannes nach Dorpat, Basel, Karlsruhe und schließlich Leipzig. Marie Wegner verzog mit ihrem Mann, einem preußischen Beamten, unter anderem nach Glogau, Düsseldorf und Breslau. Selbst Gutsbesitzer begriffen die persönliche Verwaltung ihrer Güter bisweilen nur als Lebensabschnittsphase und zogen mit ihren Familien in höherem Alter in die Großstädte des Reiches. Auch die Lehrerfamilie Eißner verlegte ihren Wohnsitz nach der Pensionierung des Haushaltvorstands vom Land in die Stadt, um die dortigen besseren Ausbildungsmöglichkeiten für ihre Kinder nutzen zu können. Gut situierte Bürgerinnen verbrachten darüber hinaus mit der Familie die Sommerfrische an Nord- und Ostsee oder in den bekannten Bädern. Die Dohms bevorzugten Ferien an der See. Friedrich Alfred Krupp beispielsweise schenkte seiner Frau eine Villa in Baden-Baden, wo man sich im Sommer mit Familie und Freunden viele Wochen aufhielt. Pringsheims unternahmen nicht nur europaweite Kulturreisen. Mit der ganzen Familie veranstaltete man moderne Fahrradtouren bis nach Norditalien. Hedwig Pringsheim schloss sich einem reisenden Geschäftspartner der Familie an, um 1907 den nach Südamerika „verbannten" Sohn zu besuchen.

Hedwig Pringsheims Reisetagebuch gibt einen anschaulichen Einblick in den Reisestil gehobener bürgerlicher Kreise. Selbstverständlich belegte man eine Kabine erster Klasse auf dem Überseedampfer. Selbstverständlich nahm man beim abendlichen Dinner auf Empfehlung des HAPAG-Vorstands Albert Ballin einen Ehrenplatz am Kapitänstisch ein. Im amüsanten Plauderton wird von leichten sportlichen und spielerischen Aktivitäten im internationalen Kreis der reisenden Gäste aus der höheren Gesellschaft erzählt. In Abgrenzung von Fremdem sich der eigenen deutschen Kultur vergewissernd, wechselt die Reisetagebuchautorin zwischen Landschafts-, Gesellschafts- und Milieubeschreibungen in ihren Eintragungen hin und her. In Argentinien, so wird aus den Notizen deutlich, eröffneten gleichermaßen die familiären geschäftlichen Verbindungen wie die Zugehörigkeit zur deutschen Auslandsgemeinschaft den Zugang zu passender Geselligkeit. Hedwig Pringsheim kommentiert sie nicht selten mit dem Gefühl kultureller Überlegenheit. *Wir sitzen, warten und schwitzen, und es hat sich in der Situation nichts verändert. Auch mein Eindruck von Buenos Aires kaum modifiziert. Die Menschen arbeiten und essen und trinken. Lebensgenuss in feinerem Sinne scheint unbekannt. Es gibt kein Museum, keine Kunst, keine Literatur, keine Kirchen, keine Sehenswürdigkeiten.* […] *Die vielen Mulatten- und Indianergesichter beleben das Bild kaum, da sie ordinäre, europäische Tracht tragen* […] *Vor einigen Tagen fuhren wir mit Herrn Krügers Automobil nach Palermo. Das ist tatsächlich die einzige Erholungsmöglichkeit der hiesigen upper ten thousand. Es ist als tägliches Vergnügen, wohl zum stumpfsinnig werden* (Jens, 2006, 95).

Nicht alle reisenden Bürgerinnen bewerteten das Erlebte mit solch spitzer Feder. Sozialpolitisch oder emanzipatorisch engagierte Bürgerinnen nahmen europaweit an Kongressen der Frauenbewegung teil. Marie Wegner beispielsweise besuchte 1913 den „Internationalen Abolitionistenkongress" in Paris, den „Internationalen Bund für

Frauenstimmrecht" in Budapest, die „Hauptversammlung der Rechtsschutzvereine für Frauen" in Halle sowie den „Internationalen Kongress gegen Mädchenhandel" in London. Viele der reisenden Frauenrechtlerinnen schilderten ihre Begegnungen mit gleichgesinnten Europäerinnen begeistert. Anna Pappritz etwa kam mit zahlreichen Anregungen von den Treffen mit führenden Abolitionistinnen aus England zurück. *Ich hielt in gutem, sorgfältig vorbereitetem Französisch einige enthusiastisch aufgenommene Tischreden* berichtet Hedwig Heyl von einem Treffen der „Internationalen Lyzeums-Klubs" in Paris 1914. *Man bewunderte unsere Organisation und die ausländischen Vertreterinnen machten uns die Tage interessant* (Heyl, 1925, 137 f.). Ihre Pariser Reise musste sie dann kürzen, um an einer Tagung des „Frauenbunds der Kolonialgesellschaft" in Münster teilnehmen zu können. Anschließend ging es mit der Tochter in ein englisches Seebad zur Pflege des dort lebenden kranken Sohnes.

Selbst die Bewältigung von Lebenskrisen konnte durch Reisen unterstützt werden. So entzog sich Hedwig Dohm der „Finanzkrise" im eigenen Familienhaushalt durch einen halbjährigen Aufenthalt bei einer Schwester in Italien. Elisabeth Gnauck-Kühne verbrachte das erste Jahr nach der Trennung von ihrem Mann auf Reisen an der französischen Riviera und in Italien. Doch individuell und alleine reisende Bürgerinnen waren meistens schon älter, ihre Kinder erwachsen, sie selbst nicht selten verwitwet. Hedwig Dohm verbrachte im Alter viele Monate bei ihren verheirateten Töchtern in München und Italien und unternahm Urlaubsreisen mit diesen. Die kinderlos verwitwete Auguste Hauschner wechselte beständig zwischen ihren Verwandten in Prag und ihrem Wohnort Berlin hin und her. Dazu traten Erholungsreisen nach Norditalien und Aufenthalte in Bädern. Manche der Bürgerinnen scheint das Reisen als emanzipatorischen Aufbruch verstanden zu haben. Hedwig Dohm lässt ihre schon häufig zitierte Novellenheldin aus dem bürgerlichen Beamtenmilieu, Agnes Schmidt, die Heirat ihrer Töchter als Beginn eigener Reisetätigkeit feiern: *Heiterer als je sah ich in die Zukunft. Grete und Magdalene wollten uns oft in Berlin besuchen, und ich wollte alljährlich einmal mit Eduard zu ihnen kommen. Und wir würden reisen. Eduard versprach es mir. Bisher hatten wir nur ab und zu in der Nähe von Berlin auf vier Wochen eine Sommerfrische gehabt, in Misdroy oder im Harz, wohin wir regelmäßig das Dienstmädchen mitnahmen, um selbst zu wirtschaften. Das hatte in dem kleinen Badeorte manches Belästigende mit sich gebracht. Ich hatte immer doppelte Arbeit gehabt. Und wenn nachmittags Spaziergänge unternommen wurden, war ich schon müde und blieb am liebsten zu Haus. Und begleitete ich ab und zu die Meinigen, meine Gedanken blieben doch zurück, bei dem Dienstmädchen, bei dem Abendessen. Auch musste ich mich anstrengen, mit den Andern Schritt zu halten. Nun sollte Alles anders werden. Wir hatten jetzt Geld genug. Weit, weit fort wollten wir reisen, in die Schweiz, nach Tirol, vielleicht bis nach Oberitalien* (Dohm, 1894, 19). Doch erst nach dem Tod des Mannes kann die Ich-Erzählerin ihre Träume wahr machen. *Ich behalte das Geld, ich reise*, lässt Hedwig Dohm ihre nun verwitwete Novellenfigur als Erbin eines kleinen Vermögens sehnsuchtsvoll beschließen. *Ganz gewiss, nicht nur auf ferne Länder ist mein Sinn und Sehnen gerichtet, mehr noch, viel mehr auf ferne Gedanken, Gedanken in der Höhe. Ich sehne mich unaussprechlich nach Weisheit, nach reiner Vernunft, nach Erkenntnis.* […] *Die Wissenden, sie haben Lehr- und Wanderjahre gehabt, sie haben Länder und Menschen erforscht, sie haben ganze Bibliotheken studiert, sie haben an den Lippen weiser Lehrer gehangen* (ebd. 40).

Franziska Tiburtius scheint mit Reisen die Angst bewältigt zu haben, nach der Aufgabe des Berufes sinnentleerte Untätigkeit zu leben. *Ein Winter in Rom, fünf Monate in Nordamerika mit Fahrt durchs Land bis zum Pazifik, Rückfahrt durch den Yellowstonepark, eine herrliche Winterreise durch Spanien und Nordafrika, einige Wintermonate in Sizilien, Palästina und Ägypten gaben Anregung und Gedankenstoff und wirkten gut als Surrogate* (Tiburtius, 1929, 222).

Die *beste Bildung findet ein gescheiter Mensch auf Reisen!* hatte bereits Johann Wolfgang von Goethe formuliert. *Das Reisen bildet sehr*, hatte auch Immanuel Kant schon gewusst. In ihrem Zeitalter, zu Beginn des 19. Jahrhunderts, waren es noch wenige gewesen, die sich diesen Luxus leisten konnten. Ende des 19. Jahrhunderts gehörte die Bildungs- und Erholungsreise zum selbstverständlichen Repertoire des Bürgertums und insbesondere älterer Bürgerinnen, vorausgesetzt der eigene Geldbeutel ließ es zu.

Alter

Ein alter Mann, das ist ein Mensch, der nicht mehr lange lebt, dessen Tage gezählt sind, aber er lebt! Eine alte Frau aber, die arm ist und Witwe, die ist so gut wie tot. Wozu lebt sie noch! Ob das an mir frisst, dass ich noch da bin, ohne zu wissen, wozu? (Dohm, 1894, 14). Solchermaßen lässt Hedwig Dohm ihre Novellenfigur Agnes Schmidt ihre letzte Lebensabschnittsphase kommentieren. Als die Novelle publiziert wurde, war Hedwig Dohm 63. Rund ein Jahrzehnt später, im Alter von 72, resümiert die Autorin: *Dass man bis in die neueste Zeit hinein dem Weib nur einen geschlechtlichen Wert zubilligte, ist oft genug gesagt und beklagt worden. Ich sage es noch einmal, denn dieser Wertschätzung entspringt die Missachtung, der die alte Frau verfällt. War das Weib untauglich geworden zur Gebärerin, Kinderpflegerin und Geliebten, so hörte ihre Existenzberechtigung auf*, und sie ruft der Leserin zu: *Höre, alte Frau, was eine andere alte Frau dir sagt. Stemme dich an! Habe Mut zum Leben! Denke keinen Augenblick an dein Alter.* [...] *Spotte des Spottes, mit dem man dich einschüchtern, dir die Türen zur Freude sperren will* (Dohm, 1903, 122). Resignation oder *Mut zum Leben* mögen, je nach Charakter, die Altersjahre der Bürgerinnen geprägt haben. Dass es sich keinesfalls um eine Phase handelte, die im Allgemeinen positiv bewertet wurde, lassen die Zitate erahnen. Nur selten erzählen Bürgerdamen in ihren Autobiografien ausführlich über das eigene Alter, etwa über körperliche Beschwerden, Einschränkungen, gesellschaftliche Reaktionen oder auch über die Freuden eines Lebens jenseits von Familienpflichten und gesellschaftlichen Erwartungen. Franziska Tiburtius schreibt, ihren Rückzug aus dem Berufsleben im Alter von 64 bewertend: *In diesem Lebensalter ist jedes weitere Jahr geistiger Frische ein Geschenk der Natur, und ich konnte nicht mit Sicherheit voraussehen, dass mir diese Gabe zuteil würde*, und sie erklärt: *Ich wusste, dass für alte Leute gewöhnlich mit dem Beruf das Rückgrat des Lebens genommen ist, und dass der Zusammenbruch eintritt. Um Ruhe zu ertragen, braucht man auch noch ein gewisses Ausmaß von Kräften.* Sie geht also auf Reisen; aber sie ist sich gewiss: *Seitdem ich mich vom Berufsleben ins Altenteil zurückgezogen habe, bietet mein Leben eigentlich nichts, das wert wäre, einem größeren Kreise vorgelegt zu werden* (Tiburtius, 1929, 222 f.).

Doch schon die Frage, ab wann eine Bürgerin eigentlich als alt galt, lässt sich nicht eindeutig klären. Ledige Frauen, denen die Zeitgenossen gerne unterstellten, dass sie unfreiwillig unverheiratet geblieben waren, wechselten recht unversehens vom jungen Mädchen zur verblühten Frau und ältlichen, schließlich „alten Jungfer". In der Fremd- und wohl auch in der Selbstwahrnehmung schien das Fehlen einer als besonders wichtig geltenden Phase den nächsten Lebensabschnitt vor der Zeit eintreten zu lassen. *Ich brauche nur auf das gewöhnliche* [...] *frühzeitige körperliche Verwelken und seelische Verkümmern der ‚alten Jungfern' aufmerksam zu machen, die sofort wieder aufleben und neu erblühen, wenn sie doch noch zum Heiraten kommen und Mutter werden* (Müller, 1903, 17), dozierte Johannes Müller in einem gelehrten Werk über den „Beruf und die Stellung der Frau“ 1903. Auch die Witwenschaft ließ Bürgerinnen altern, unabhängig von dem tatsächlichen Alter, das sie erreicht hatten, als ihr Ehemann starb. Schon die übliche Witwenkleidung, die viele Bürgerinnen nach dem Trauerjahr nicht ablegten, war dazu angetan, ihre Trägerinnen alt erscheinen zu lassen. *Ihre Freunde kannten sie nur alt: eine hochgewachsene Frau von gerader Haltung, in schwarzem oder grauem Kleid, das Haar schon von einem stumpfen Grau, im Gesicht nur noch der Nachglanz ihrer Jugend, die Augen freilich lebhaft, die Hände die aus Spitzen- oder Fallärmeln hervortraten, greisenhaft,* (Beradt/Bloch-Zavřel, 1929, 7), heißt es über Auguste Hauschner, die im Alter von 40 verwitwete. 70 zu werden, bedeutete *die Schwelle des biblischen Alters zu überschreiten* (Hopffgarten, 1920, 11); ein Rückzug ins Private musste damit offenbar nicht verbunden sein, dies zeigen die Lebenserinnerungen Hedwig Heyls, die bis ins hohe Alter in der Vereinsarbeit aktiv blieb.

Wie sich das Leben einer „Greisin“ abspielte, hing letzten Endes von ihrer Gesundheit, ihren materiellen Möglichkeiten und vor allem davon ab, ob ihr Familienanschluss möglich und ein Freundeskreis geblieben waren. Hedwig Dohm zog im Alter in das Haus ihrer Tochter Else, verheiratete Rosenberg. Die finanziell gute Ausstattung des töchterlichen Haushaltes ermöglichte ihr ein familiennahes und dennoch selbstständiges Leben in einer abgeschlossenen eigenen Wohnung. Selbst zwar immer weniger ausgehend, blieb ihr Wohnzimmer doch der Treffpunkt zahlreicher Freunde aus der literarischen und frauenbewegten Welt. *Die lebhafteste Zeit des Tages war die Teestunde. Eifrig trottete sie mit dem Kessel voll kochendem Wasser hin und her, mischte den Extrakt, schenkte ein, ohne dabei die Leitung über den Gang des Gesprächs zu verlieren* [...] *Sie war offen für alles Neue und, wie mir schien, ohne Vorurteile. Auch war sie wundervoll respektlos gegen jede Form von Autorität* (Korsch, 1980, 23), erzählt eine ihrer Enkelinnen. Und ihre erste Biografin, Adele Schreiber, schreibt 1914: *Zwischen 70 und 80 noch, hat Hedwig Dohm zu allen neuen Fragen Stellung genommen. Es ist geradezu etwas Wunderbares, dass eine Frau in diesen Jahren eine solche Beweglichkeit des Geistes, ein solches Erfassen der Zeitströmungen, ein solches Allverständnis bekundet.* [...] *Aber auch die Tragödien und Probleme des Alterns haben Hedwig Dohm in den letzten Jahren viel beschäftigt* [...] *Die Frau hat doppelt gegen das Alter anzukämpfen, nicht nur gegen das tatsächliche physiologische Altwerden, die beide Geschlechter bedrohende unbarmherzige Naturerscheinung, sondern gegen einen Begriff des Alterns, der in der ausschließlichen Wertung der Frau als Geschlechtswesen wurzelt* (Schreiber, 1914, 189–191). Acht Tage vor ihrem Tod verfasste die Großmutter der bürgerlichen Frauenbewegung eine letzte Kurzgeschichte über die Ansichten einer alten Sterbenden. In diesem Zeitungsbeitrag, den die „Vossische Zeitung" im Juni 1919 druckte, erscheint der Alterungsprozess einer sterbenden Frau angesichts der Fragwürdigkeit von Liebe, Leben und Krieg überschattet von Resignation. *Lächerlich die zwecklosen Umstände, die sich der Kosmos mit der Erschaffung von uns überflüssigen Zweibeinern gemacht hat*, lässt Hedwig Dohm die Figur ihrer Erzählung resümieren, *Könnte man sich doch zu Tode lachen. Und da lachte sie schon. Und sie lachte anhaltend, lachte gellend, überlaut, und an ihrem Lachen erstickte sie* (Dohm, 1919, 200).

Aufbrüche

Die bürgerliche Frauenbewegung

Durch unsere Zeit rauscht die Flutwelle einer gewaltigen Sehnsucht, der Sehnsucht nach dem Erblühen und Ausleben der freien, starken Persönlichkeit. Es kämpft der Mensch für die Erringung seines freien Menschentums. Diese Flutwelle der großen Sehnsucht hat mit unwiderstehlicher Gewalt auch das weibliche Geschlecht ergriffen. Später als der Mann ist das Weib zum Bewusstsein seiner Persönlichkeit erwacht. Erklärlich genug. Die Frau war durch ihre Existenzbedingungen länger als der Mann an eine Gemeinsamkeit gebunden, an die Familie. Innerhalb dieser Gemeinsamkeit aber fand sie nicht bloß des Lebens Unterhalt, sondern auch des Lebens Inhalt. In der Folge musste sie sich länger in erster Linie nur als Mitglied einer Gemeinsamkeit fühlen und nicht als Persönlichkeit. In unseren Tagen ist dem anders geworden (Zetkin, 1899, 4). Mit flammenden Worten erläuterte Clara Zetkin 1899 den in ihrer Zeit überall spürbaren Aufbruch des weiblichen Geschlechts. *Die Frau ist ‚begehrlich' geworden,* schreibt sie weiter. *Sie will nicht unter dem Manne dienen, sondern neben ihm, mit ihm vorwärts schreiten, hohen Zielen entgegen. Sie verlangt danach, die überzeugte Trägerin und Hegerin seiner Ideale zu werden, die Genossin seiner Mühen und Plagen, die Gefährtin seiner Kämpfe. Sie beansprucht in seiner Welt heimisch zu werden und ihm im Heim eine Welt zu erschließen* (ebd. 14), und sie fordert: *Die Pfade frei, auf denen das weibliche Geschlecht zu den Bildungsquellen wandern kann!* (ebd. 15). Clara Zetkins Analyse und Forderung zielten auf die Frauen des Proletariats, als deren Repräsentantin sie sich verstand. Doch mehr noch als deren Hoffnungen und Wünsche beschreiben ihre Worte die Unzufriedenheit und Aufbruchsstimmung, welche die Damen des Bürgertums im Verlaufe des Wilhelminischen Kaiserreichs ergriff.

Mit Frauenfrage und Frauenbewegung wurden die Auseinandersetzungen und Aktionen von zumeist bürgerlichen Frauen bezeichnet, die im Interesse der Verbesserung der Lage des weiblichen Geschlechts während des Wilhelminischen Kaiserreiches immer lauter Gehör beanspruchten. Die organisatorischen Ursprünge der bürgerlichen Frauenbewegung werden gerne mit der Gründung des ADF, des „Allgemeinen Deutschen Frauenvereins", 1865 gleichgesetzt. Auf einer ersten überregionalen Frauenkonferenz in Leipzig verabschiedete der Verein ein Statut, dass lediglich Frauen die Vollmitgliedschaft im Verein zugestand – damals ein unerhörtes Vorgehen. Ziel des Vereins war es, sich für verbesserte Bildungs- und Berufsmöglichkeiten von Frauen einzusetzen, denn: *Wir halten es für ein unabweisbares Bedürfnis, die weibliche Arbeit von den Fesseln des Vorurteils, die sich von den verschiedensten Seiten gegen sie geltend machen, zu befreien* (Bäumer, 1901, 50). Weitere einschlägige Vereinsgründungen folgten. Nach einer relativ ruhigen Phase in den 1870er und zu Beginn der 1880er Jahre meldete sich die Bewegung umso lauter zurück. Die Gründung eines Dachverbandes, des „Bundes Deutscher Frauenvereine“ (BDF), im Jahr 1894 markiert den Zeitpunkt, ab dem die bürgerliche Frauenbewegung in Deutschland sich zunehmend zu einer ernstgenommenen Kraft entwickelt hatte, die in allen wichtigen gesellschaftlichen Bereichen mitzureden beanspruchte. Petitionen, zuerst veranlasst vom ADF, später häufig vom BDF, so beispielsweise für die Zulassung von Frauen zum Bahn-, Post und Telegraphendienst (1869), für die Zulassung von Frauen zum Studium (1876) oder für die Änderung des Zivilrechts mit Rücksicht auf die minderberechtigte Stellung der Frau im Familienrecht (1876), für die wissenschaftliche Ausbildung von Lehrerinnen für höhere Mädchenbildungsanstalten (1887) blieben in der Regel erfolglos. Mehr und mehr setzte die Frauenbewegung daher auf Selbsthilfe. Eine Reihe von privaten, von frauenbewegten Vereinen oder von Mäzeninnen getragenen Einrichtungen widmeten sich der Verbesserung der Mädchenbildung oder der qualifizierten Ausbildung in Berufen, die dem weiblichen Wesen zu entsprechen schienen. Es entstanden Schulen für Krankenschwestern und Fürsorgerinnen, Büroberufe und Lehrerinnen, ohne dass ihnen freilich vorderhand eine staatliche Anerkennung zu Teil wurde. Seit den 1890er Jahren machte auch die proletarische Frauenbewegung mit ihren weiblichen Führungsfiguren, die nicht selten aus dem Bürgertum stammten, von sich Reden. Ihr ging es vor allem um Lohngleichheit und das allgemeine Wahlrecht für Frauen, Rechte auf die sich keinesfalls alle Protagonistinnen der bürgerlichen Frauenbewegung verständigen konnten.

Dass sich insgesamt in den 1890er Jahren eine vehemente Aufbruchsstimmung in Frauenkreisen bemerkbar machte, ist vielen autobiografischen Aufzeichnungen zu entnehmen. Nicht selten hatten Frauenrechtlerinnen, die damals in die Bewegung fanden, diese zuvor kaum wahrgenommen. *Die Tatsache, dass es eine Frauenbewegung gäbe ist erst zu meiner Kenntnis gelangt, als die erste Jugend bereits hinter mir lag. Dann wirkte es wie eine Offenbarung, wie eine Erlösung auf mich, zu ersehen, dass ich nicht vereinzelt stand, dass andere dachten, urteilten, verstanden wie ich.* […] *Ich hielt mich für ein Unikum, für einen ganz isoliert stehenden Sonderling, ja fast für pathologisch und ich schämte mich dessen* (Pappritz, 1908, 2), so Anna Pappritz in ihren 1908 verfassten Erinnerungen. Sie lernte Frauenrechtlerinnen auf einer Englandreise 1895 kennen und war überrascht, wie selbstverständlich dort die Gedanken geäußert wurden, die sie bislang in sich selbst verschloss. *Aber damals reifte in mir der Entschluss, für die kommenden Generationen in Deutschland das zu erkämpfen, was ich so bitter entbehrt und was mir als die Basis eines befriedigenden menschlichen Daseins erschien: eine gute Lebensausrichtung* (ebd. 27), vor allem eine wissenschaftliche Ausbildung. Aktiv in der bürgerlichen Frauenbewegung war Hedwig Heyl, vor allem auf dem hauswirtschaftlichen Sektor, und Franziska Tiburtius, was die akademische Professionalisierung von Frauen betraf. Elisabeth Gnauck-Kühne entwickelte sich zur Leitfigur der kirchlichen Frauenbewegung, Anna Pappritz zur reichsweit bekannten Sexualreformerin. Marie Wegner kämpfte für den BDF und Hedwig Dohm galt als Großmutter aller Frauenbestrebungen um die Jahrhundertwende. Einige Bürgerinnen wie Anna Blos, Lily Braun oder Clara Zetkin fanden auch den Weg in die proletarische Frauenbewegung, was zeitgenössisch als äußerst radikal galt. Vor allem die Großbürgerinnen, die in diesem Buch zu Wort kamen, verhielten sich gegenüber der bürgerlichen Frauenbewegung eher passiv. Andere Zeitgenossinnen blieben auch nach der Jahrhundertwende skeptische Beobachterinnen. Noch 1906 schien beispielsweise für Auguste Hauschner die Zukunft der Frauenbewegung ungewiss: In einer Erzählung, veröffentlicht 1906/07, lässt die Autorin ein Prinzesschen Gott um Hilfe bitten bei der Suche nach einer Menschenseele ohne Falsch. Die Suche erweist sich als schwierig. Unter anderem landet die Heldin der Geschichte auch *vor einem unvollendeten Gebäude. Seine Fenster, Treppen, Tore waren mit sonderbarer Willkür angebracht. Es schien, als sollte allem Hergebrachten widersprochen werden. ‚Das ist das Heim der Frauenrechtlerinnen‘, sagte Gott der Vater, und er lächelte ein wenig. ‚Viele tapfere Seelen sind darunter, doch ihr Haus ist noch nicht fertig und sie sind noch nicht gesichtet‘* (Hauschner, 1906/07, 415), legt die Autorin ihrem väterlichen Gott in den Mund. Zwar konnte die bürgerliche Frauenbewegung vor dem Ersten Weltkrieg insbesondere auf dem Bildungssektor manchen Erfolg erringen. Doch viele andere ihrer Forderungen und Bemühungen sollten vorderhand erfolglos bleiben.

Der Frauenüberschuss als Argumentationshilfe

Im Jahr 1904 legte Elisabeth Gnauck-Kühne eine umfassende, auch statistisches Material benutzende Studie über „Die deutsche Frau um die Jahrhundertwende“ vor. Basierend auf der Bevölkerungsstatistik des Deutschen Reiches von 1895, zeigte sie auf, dass 100 männlichen Einwohnern des Kaiserreiches 103,7 Frauen gegenüberstanden, an für sich keine besonders aufregende Beobachtung. Nach Altersgruppen aufgeschlüsselt, belegte sie überdies, dass der Frauenüberschuss im Wesentlichen auf die höhere weibliche Lebenserwartung zurückzuführen war. In der Altersgruppe von 16 bis 30 – dem typischen Heiratsalter junger Frauen – belief sich die Relation auf 101,8 : 100.

Interessant ist, dass sich die Annahme, ein nicht unter die Haube zu bringender Frauenanteil harre neuer Lebensperspektiven, kontinuierlich und zäh hielt. Dieses Phänomen lässt sich auf mehrerlei Weise begründen. Zum einen führten Modernisierungsschübe im Haushalt zu einer allmählich spürbaren Reduktion der notwendigen familiären Reproduktionsaufgaben und damit der im Haushalt erforderlichen weiblichen Mithelfenden. Mehr und mehr verschwanden gerade im städtischen Umfeld landwirtschaftliche Anteile der Hausökonomie. Vieles, was früher selbst hergestellt wurde, konnte nun kostengünstig erworben werden. Zum anderen stieg das durchschnittliche Heiratsalter junger Frauen an und verlängerte so die Zeit der Langeweile zwischen Ausbildung und Heirat. Wichtiger noch, die bürgerliche Frauenbewegung begann sich des postulierten Frauenüberschusses als Argument zu bedienen.

Seit den 1860er Jahren wurde die beschriebene Misere zunehmend als *soziale Frage* des Bürgertums, schlechthin als *die Frauenfrage* wahrgenommen, die es zu lösen galt. Verantwortlich für die neue Aufmerksamkeit war die beginnende bürgerliche Frauenbewegung. Mit beachtlichem Engagement legte sie in Publikationen ihre statistischen Erkenntnisse und ihre diesbezüglichen Schlussfolgerungen dar. Demnach traf ein statistisch nachweisbarer Überschuss an weiblichen im Vergleich zu männlichen Erwachsenen auf eine sinkende Heiratsbereitschaft und auf steigendes Heiratsalter des männlichen Bevölkerungsteils. Für den immer größer werdenden Anteil lediger erwachsener Bürgerinnen müsse eine passende, schickliche und Verdienst erwirtschaftende Berufstätigkeit gefunden werden, zumal die wirtschaftliche Lage breiter Kreise des Bürgertums eine Mitfinanzierung lediger Schwestern und Tanten durch die männlichen Haushaltsvorstände erschwere. Es könne nicht angehen, weibliche Berufsarbeit bürgerlicher Mädchen auf verschämte Heimarbeit, Mithilfe in den Haushalten von Verwandten oder Tätigkeiten als gehobenes Personal in fremden Haushalten, als Gouvernanten oder Gesellschafterinnen zu beschränken.

Jenseits aller Überlegungen zum Frauenüberschuss war statistisch nachweisbar, dass in der Altersgruppe der 30- bis 50-jährigen Frauen tatsächlich nur 77 % verheiratet waren. Da sich bei den über 50-Jährigen die Witwen zu häufen begannen, stand auf für diese die Frage einer adäquaten Berufstätigkeit zur Debatte. *Zwischen Eheberuf und Erwerbstätigkeit, zwischen Abhängigkeit und Selbstständigkeit wird das weibliche Geschlecht hin und her geworfen. Sein Leben ist dualistisch gespalten. Weil dieser Dualismus im Dienste der menschlichen Gesellschaft das Leben des Weibes erschwert und seine Kraft zersplittert, hat die Gesellschaft die Pflicht, ihm Hausmutterberuf und Erwerbstätigkeit zum Wohle der Gesamtheit zu erleichtern* (Gnauck-Kühne, 1904, 162). Das Zitat stammt aus einem der Kampfschriften der bürgerlichen Frauenbewegung und es findet sich in abgewandelter Form in vielen anderen zeitgenössischen Beiträgen zur Frauenfrage. *Das erste Argument, um den Kampf der Frauen um den Erwerb zu erklären, pflegt darin zu bestehen, dass in der Mehrzahl der Kulturländer das weibliche Geschlecht das männliche an Zahl überragt*, schreibt auch Lily Braun, *und die Ehe, die in den bürgerlichen Kreisen fast immer eine Versorgung der Frau bedeutet, von vornherein für viele unerreichbar ist* (Braun, 1901, 157). Sie erläutert weiter: *Es kommt aber noch ein Umstand in Betracht, der bisher ganz unbeachtet blieb und gerade in Hinblick auf die bürgerliche Frauenfrage schwer zu Gewicht fällt: das ist die Frage, aus welchen sozialen Schichten der Bevölkerung sich der Männer- oder Frauenüberschuss zusammensetzt* (ebd. 158). Auf der Grundlage von reichlich vagem statistischen Material mutmaßt sie, dass mit steigender sozialer Schicht mehr Töchter als Söhne geboren werden und verstärkt ihr Argument mit Statistiken über die unterschiedlichen Heiratsabsichten und -chancen der beiden Geschlechter. *So ist vorauszusehen, dass der Rückgang der Heiratsfrequenz, der in der Hauptsache auf wirtschaftliche Ursachen zurückzuführen ist, die Zunahme der auf Erwerb angewiesenen alleinstehenden Frauen sich auch in Zukunft weiter entwickeln, und der wesentliche Ausgangspunkt der Frauenbewegung, insbesondere der bürgerlichen, bleiben wird* (ebd. 170). Doch die meisten Autorinnen, die sich mit der bürgerlichen Frauenbewegung befassten, waren sich darin einig, dass der Frauenüberschuss allein das Entstehen der Frauenbewegung nicht erkläre: *Die Ursachen der Frauenbewegung sind nur zum kleinen Teil in der Zusammensetzung der Bevölkerung zu suchen* (Bernays, 1920, 11), so Marie Bernays in einem historischen Überblick zur Geschichte der bürgerlichen Frauenbewegung 1920. *Die Entleerung der Familie von ihren Produktionsaufgaben durch die technische und wirtschaftliche Umwälzung, die Notwendigkeit des Gelderwerbs der unverheirateten Töchter, der Zwang zur Vereinigung von Beruf und Ehe, hat die Frauenfrage als Frauenerwerbsfrage geschaffen.* [...] *Die Frauenbewegung hat die Frauenerwerbsfrage nicht geschaffen* [...] *Aufgabe der Frauenbewegung aber ist es, neue wirtschaftliche Tatsachen nicht mit einem leichten Ja oder Nein anzunehmen oder abzuweisen, sondern das schwere Ziel zu verfolgen, aus wirtschaftlichen Tatsachen kulturelle Forderungen abzuleiten* (ebd. 11 f.). In eben dieser Aufstellung *kultureller Forderungen* erwies sich die bürgerliche Frauenbewegung als ausgesprochen kreativ.

Mütter für den Staat?

Die Grundstimmung, die aus der ganzen körperlichen Natur und Bildung des Weibes, der ihre seelische Verfassung durchaus gemäß ist, spricht für die Fortpflanzung des Menschengeschlechts. Deshalb ist ihr allgemeiner Beruf für die Gesamtheit, Mutter zu werden (Müller, 1903, 15). Solchermaßen prägnant fasste Johannes Müller im Jahr 1903 den Daseinszweck des weiblichen Geschlechts zusammen. Seine Haltung dürfte von der Mehrheit der deutschen Bevölkerung geteilt worden sein. Auch die Schriften der bürgerlichen Frauenbewegung betonen die große Bedeutung der Mutterschaft. *Der Instinkt der Mütterlichkeit ist der springende Punkt der weiblichen Psyche,* so Elisabeth Gnauck-Kühne; *er kann sie bei hochbegabten Naturen zu mystischen Tiefen führen, wo sie dem Urquell alles Seins näher kommt als je der grübelnde natürliche Verstand. Aber er ist nicht nur subjektiv, sondern auch objektiv, soziologisch, von höchster Bedeutung. Der Mutterinstinkt ist gesellschaftsgeschichtlich das Primäre, ist der Urquell altruistischer Gefühle, ursprünglichste Natur und potenzierte Kultur* (Gnauck-Kühne, 1904, 8). Doch die dem weiblichen Wesen anhaftende Mütterlichkeit galt es nach Meinung der Frauenrechtlerinnen nicht nur in der Familie zu leben, oder in wesensnahe Berufe einzubringen, sondern als geistige Mütterlichkeit für Gesellschaft und Staat nutzbringend zu entfalten. *Auch wir gehen von dem Satz aus, dass das ganze Wesen des Weibes bedingt ist durch die Mutterschaft* (Lange, 1928, 205), schreibt Helene

Lange 1897 in einem Aufsatz über die „intellektuellen Grenzlinien" zwischen Mann und Frau. *Doch überall wächst in den Frauen der Mut der Selbstbehauptung, der Mut zu betonen: ‚Ich bin anders als ihr; eben deswegen gehöre ich an eure Seite, nicht nur im Hause, sondern überall da, wo meine Eigenart not tut im Leben, überall, wo es gilt, Probleme zu lösen zur geistigen, sittlichen und wirtschaftlichen Förderung eines Geschlechts, das meines so gut ist wie eures. Das, was ihr könnt, schätze ich hoch; aber nie und nimmer könnt ihr mich ersetzen'* (ebd. 213), und sie beeilt sich zu beruhigen: *Es dürfte wohl nur Unwissenheit oder Selbsttäuschung leugnen wollen, dass auf dem Gebiet rein theoretischer oder technischer Wissenschaft, was auch die Frau der Zukunft an wichtiger Ergänzungsarbeit darauf leisten möge, den Vorrang als Gattung der Mann behaupten wird*, aber: *überall da, wo es sich um ein lebendiges, hilfreiches Wirken von Mensch zu Mensch und für Menschen handelt, um die ganze weitverzweigte Tätigkeit, die wir unter dem Namen soziale Hilfsarbeit zusammenzufassen pflegen, da ist, wie schätzenswert und wichtig die Mitarbeit des Mannes sein mag, die königliche Domäne der Frau der Zukunft* (ebd. 213 f.).

Solchermaßen legitimiert, lag der Anspruch nahe, weibliche Tugenden und geistige Mütterlichkeit in alle gesellschaftlichen Belange einbringen zu müssen. Die vielfach beschworene Mütterlichkeit diente zur Legitimation der Forderung, Frauen den Eintritt in qualifizierte Berufsausbildungen zu ermöglichen, denn: Wie sollten Mädchen erzogen werden, ohne mütterliches Element im Kindergarten und in der Schule? Wie sollte ein kommunales Armenwesen organisiert werden, ohne weibliches Verständnis für Armut und ohne weibliche Kompetenz in Sachen Haushaltsführung einzubinden? Wie sollte den Sorgen kranker Frauen Rechnung getragen werden, wenn diese ihre Gesundheitsprobleme nur mit Männern besprechen konnten, statt im Medizinbereich auf einfühlsame mütterliche Frauen zu treffen? Auf dieser Argumentation aufbauend, stellte ein Kampffeld der Frauenbewegung die Frage der Zulassung weiblicher Ärzte dar. Da Frauen im Deutschen Reich nicht regulär studieren konnten, handelte es sich um Ärztinnen, die im Ausland ihre Examen abgelegt hatten und nun in der Heimat praktizieren wollten. Mit Vehemenz führte die Frauenbewegung ins Feld, dass gerade im Fachgebiet der Gynäkologie weibliche Ärzte wünschenswert seien. Schließlich sei das Schamgefühl sensibler Patientinnen durch Ärztinnen weniger zu verletzten als durch männliche Ärzte. Ja, die Volksgesundheit und die nationale Wohlfahrt erforderten zwingend den Einsatz qualifizierter weiblicher Kräfte.

Selbst vor der Überhöhung typischer weiblicher Haushaltsaufgaben im Interesse der Nation machte die Kampagne der *geistigen Mütterlichkeit* nicht halt. So war beispielsweise auch Hedwig Heyl nicht um Argumente verlegen, um die nationale Wichtigkeit von Haushaltungsschulen zu erläutern: *Das Prinzip der Anstalt, jede praktische Arbeit so zu lehren, dass sie sich logisch auf ihre Veranlassung, bezüglich chemischer oder physikalischer Veränderungen im Haushalt, aufbaut und dadurch das zugrunde liegende Gesetz gelehrt wird – gibt dem Erlernen der Hausarbeit eine Bedeutsamkeit, welche in geschickter Lehrform weit über die Grenzen gut ausgeführter momentaner Arbeit hinauswächst* (Heyl 1905, Vorwort). Die eigenen mütterlichen Fähigkeiten zum Wohl der Nation einbringen zu können, dies erforderte und legitimierte selbstverständlich auch die staatsbürgerliche Schulung der Aktivistinnen. Und so veranstaltete beispielsweise Marie Wegner in ihrer Privatwohnung Diskussionsabende zur Schulung der Teilnehmerinnen im Diskutieren. Geredet wurde etwa über die „Grundbegriffe der Volkswirtschaftslehre" oder über die „Gemeindeverwaltung in Stadt und Land", aber auch über die „Programme der politischen Parteien", zu denen man als Frau noch keinen Zugang hatte. Kaum ein gesellschaftlich diskutiertes Thema ließ sich nicht mit der Forderung verbinden, die mütterlichen Fähigkeiten des weiblichen Geschlechts im Interesse der Nation einzubinden. Unter Marie Wegners Leitung bildete der Verein „Frauenwohl" in Breslau eine Kommission für Kinderhorte. Die Kommission für Arbeiterinneninteresse betrieb *eine rege Propaganda für Kochkisten, veranstaltet Vorträge über die soziale Gesetzgebung in Arbeiterinnenvereinen und versucht die versicherten Frauen für Wahlen in der Krankenkasse zu gewinnen* (Bettin, 2003, 20). Eine weitere Kommission für soziale Hilfsarbeit *sucht besonders junge Mädchen dafür zu gewinnen, in Krankenhäusern vorzulesen, mit kranken Kindern zu spielen, ihnen Nachhilfeunterricht zu erteilen und Blindenschrift anzufertigen* (ebd.). Des Weiteren gab es eine Rechtsschutzstelle, eine Ortsgruppe für Frauenstimmrecht und eine Bibliothek zur Frauenfrage. Auch Hedwig Heyl war in Berlin Vorsitzende zahlreicher Vereine, die die weiblichen Qualitäten der Nation zur Verfügung stellen wollten. Ihr Einfluss war beispielsweise stark im „Verein zu Förderung hauswirtschaftlicher Frauenbildung"; er widmete sich der Entwicklung von Lehrplänen für den hauswirtschaftlichen Unterricht und der Ausbildung von Hauswirtschaftslehrerinnen, denn: *Statistik und Wissenschaft haben nun aber ergeben, dass Volksgesundheit und Vermögen zu ihrer Erhaltung und Vergrößerung die Arbeit der einzelnen Frau und des einzelnen*

Hauses brauchen. Je mehr die praktische Inangriffnahme sozialer Aufgaben, welche beides erzielen wollen, die Mitarbeit der Frau verlangen, desto mehr sind dazu vorbereitende Kräfte notwendig (Heyl, 1925, 107). Als Vorsitzende des „Deutschen Lyzeums-Klubs" gelang ihr die Initiierung und Durchführung der reichsweit Aufsehen erregenden Ausstellung „Die Frau in Haus und Beruf" im Jahr 1912. Entstanden aus der Überlegung, *dass die bis dahin unter großen Kämpfen sich durchsetzende Frauenarbeit auf allen Gebieten, weder von den Männern gekannt und gewürdigt, noch vom eigenen Geschlecht erkannt wurde* (ebd. 113), sollte die Ausstellung belegen, was die bürgerliche Frauenbewegung schon alles zustande gebracht hatte. Selbstbewusst heißt es im Ausstellungskatalog: *Was die Frau in Kunstgewebe, Literatur und Wissenschaft, in der Kunst sowohl gestaltend wie reproduzierend schafft, was sie auf dem Gebiete des Erziehungswesens, der Sozialpolitik, als Beamtin, als Handwerkerin leistet, soll in Beispielen veranschaulicht werden.* [...] *Die Ausstellung soll zeigen, wie das erweiterte Arbeits- und Schaffensgebiet, das die wirtschaftlichen und sozialen Umwälzungen unserer Zeit der Frau eröffnet und aufgenötigt haben, neue Kräfte in ihr auslösten und ihr auch ihre Verpflichtungen dem öffentlichen Leben gegenüber erst voll zum Bewusstsein brachten. Sie möchte beweisen, wie das Hineinwachsen der Frau in diese neue Aufgaben auch das Gesamtleben vertieft und bereichert haben* (ebd. 115). Doch wenn das weibliche Geschlecht seine mütterlichen Kompetenzen im Interesse des Gemeinwesens nützlich einbringen wollte und sollte, dann bedurfte es auch entsprechend qualifizierter Ausbildungen.

Der Kampf um höhere Mädchenbildung

Die mütterlichen Fähigkeiten der Frau bildeten dann auch die Grundlage des Kampfes der Frauenbewegung um eine bessere Mädchenbildung. „Naturgemäß" war zu erwarten, dass Lehrerinnen viel besser dazu geeignet seien, Mädchen zu unterrichten. Auch in der höheren Mädchenbildung bedürfe es weiblicher Lehrkräfte, so das Argument. Qualitätsvoller Mädchenunterricht durch Lehrerinnen setzte allerdings entsprechende Bildungsmöglichkeiten für Frauen und der Zugang zum Studium voraus. Nicht selten wurden solche Argumente gerade von den Lehrerinnen in der Frauenbewegung vorgebracht. Sie wussten nur allzu gut um die eigene schlechte Ausbildung und um die Barrieren, die ihren Bildungs- und Karrierewegen in den Weg gestellt wurden. Die Geschichte der bürgerlichen Frauenbewegung war deshalb bereits in ihren Anfängen eng mit dem Kampf um bessere Mädchenbildung und Lehrerinnenausbildung verbunden. Schon der 1865 gegründete Allgemeine Deutsche Frauenverein (ADF) nahm die Pflege höherer wissenschaftlicher Bildung in sein Programm auf. Eine Reihe sich gründender Frauen- und Lehrerinnenvereine forderten stets von neuem, Lehrerinnen auch für die höheren Klassen der weiterführenden Mädchenschulen zuzulassen. In den späten 1880er Jahren suchten der ADF wie der Verein „Frauenbildung – Frauenstudium" mit Hilfe von Petitionen, die an die Landtage von Preußen, Bayern, Baden oder Württemberg gerichtet waren, Frauen den Zugang zum Studium zu eröffnen. Furore machte 1887 eine Petition und ihre Begleitschrift, die sogenannte „Gelbe Broschüre", mit der sich Helene Lange, Minna Cauer, Henriette Schrader und andere an den preußischen Unterrichtsminister wandten. Darin wurde die Forderung erhoben, Lehrerinnen auch in den höheren Klassen der weiterführenden Mädchenschulen einzusetzen und staatliche Ausbildungsinstitutionen für die wissenschaftliche Qualifizierung von Lehrerinnen für diese Tätigkeit einzurichten. Die Petition wurde wie alle ähnlichen abgewiesen, die „Gelbe Broschüre" aber lieferte die Argumentationsbasis für alle weiteren Kämpfe der bürgerlichen Frauenbewegung für bessere Mädchenschulen und die Öffnung der Universitäten für Frauen.

Helene Lange stellte in der „Gelben Broschüre" dem bestehenden Mädchenbildungssystem ein vernichtendes Urteil aus. Die Mädchenbildung werde insgesamt sträflich vernachlässigt. *Solange die Frau nicht um ihrer selbst willen, als Mensch und zum Menschen schlechtweg gebildet wird, solange sie im Anschluss an Rousseaus in Bezug auf Frauenbildung sehr bedenkliche Ansichten in Deutschland nur des Mannes wegen erzogen werden soll, so lange konsequenterweise die geistig unselbstständigste Frau die beste ist, da sie am ehesten Garantie dafür bietet, den Interessen ihres zukünftigen Mannes, deren Richtung sie ja unmöglich voraussehen kann, ‚Wärme des Gefühls' entgegenzubringen, solange wird es mit der deutschen Frauenbildung nicht anders werden* (Lange, 1928, 19). Mädchen erhielten überdies keine ihrem Wesen entsprechende qualifizierte Ausbildung. Schuld daran sei nicht zuletzt, dass auch in den höheren Mädchenschulen die männliche Lehrkraft vorherrsche. *Ja solche Frauen, wie wir sie wollen, können gar nicht durch Männer allein gebildet werden, es bedarf dazu aus vielen Gründen durchaus des erziehenden Fraueneinflusses, und zwar genügt nicht der Einfluss der Mutter im Hause, zumal wenn er alltäglich in der Schule entkräftet wird, es bedarf durchaus der Erziehung durch Frauen auch in der Schule, besonders auf der Oberstufe* [...] *Unserer festen Überzeugung nach muss sogar der Fraueneinfluss den männlichen Überwiegen; nicht sowohl durch die Zahl der den Lehrerinnen übertragenen Stunden, als durch ihre Bedeutung. Es liegt in der Natur der Sache selbst, dass gewisse Stunden durch Frauen Mädchen gegenüber ganz anders ausgenutzt, zu ganz anderer Wirkung gebracht werden können als durch Männer, dass überhaupt die Frau der ganzen Mädchenschule vollständig anders gegenübersteht als der Mann, und es ist bezeichnend für das Verkehrte unserer Zustände, dass wir diese Behauptung noch begründen müssen* (ebd. 24 f.). Es bedürfe dringend des weiblichen Elements in der höheren Mädchenbildung, dazu aber müsse es besser gebildete Lehrerinnen geben und der Zugang zum Frauenstudium gewährt werden: *Nicht Männer, sondern Frauen sind in erster Stelle zur Bildung und Erziehung von Mädchen berufen; taugen die Frauen dazu noch nicht, so mache man sie tauglich* (ebd. 44).

Angesichts des mangelnden Gehörs, das die Petitionen bei den Gesetzgebern erlangten, wechselten beide Bildungsbewegungen (ADF und „Frauenbildung – Frauenstudium") zu Beginn der 1890er Jahren ihre Strategie und verwandten ihre Energie vorerst darauf, Mädchen auf dem Privatschulwege auf das Abitur vorzubereiten. Helene Lange institutionalisierte 1893 in Berlin Gymnasialkurse für Mädchen, die auf die Studienbefähigung in der Schweiz hinarbeiteten. *Mit voller Überzeugung*, berichtet Hedwig Heyl, *war ich dem von Helene Lange gegründeten Komitee zur Abhaltung von Gymnasialkursen beigetreten, das von maßgebenden Professoren der Universität und bekannten Persönlichkeiten gebildet war. Das überwachende Kuratorium war von Sitzung zu Sitzung über die glänzenden Fortschritte der Schülerinnen überrascht, die unter erschwerenden Umständen in Abendkursen bis zu ihrem Abitur geführt wurden* (Heyl, 1925, 104). Auch für die Sicherstellung der Finanzierung der Kurse lässt die Fabrikantenwitwe ihre Beziehungen spielen. Ebenfalls 1893 eröffnete der Verein „Frauenbildungsreform" ein privates Mädchengymnasium in Karlsruhe. 1898 von der Stadt übernommen und 1904 in seinen Berechtigungen ausdrücklich den humanistischen Jungengymnasien gleichgestellt, markiert das Karlsruher Mädchengymnasium den ersten Riss in den staatlichen und universitären Abwehrbarrieren. Im Jahr 1899 petitionierte der Verein „Frauenbildung – Frauenstudium" in Baden erfolgreich für die Zulassung von Mädchen zu höheren Knabenschulen. Ein Jahr später öffnete das Großherzogtum Baden als erster deutscher Bundesstaat Frauen den regulären Weg an die Universitäten. Dass die anderen Länder des Deutschen Reiches nachziehen würden, lag auf der Hand. Das große Ziel war mit der Erlaubnis des Frauenstudiums 1908 auch in Preußen erreicht. Noch war nicht abzusehen, wie rasch das Frauenstudium zu einer Selbstverständlichkeit werden würde.

Vorderhand machte der Fall der gesetzlichen Schranken, die dem weiblichen Geschlecht den Zugang zu Abitur und Studium verwehrt hatten, auch in Preußen Reformen in der Mädchenbildung und in der außeruniversitären Lehrerinnenausbildung notwendig. 1908 wurden in Preußen erstmals per Gesetz die einzelnen Mädchenschultypen in ihrem Verhältnis zueinander und zu den Jungenschulen festgelegt. Von nun an gab es höhere Mädchenschulen, die zum Abitur führten. Frauenschulen boten eine Ausbildung zu Kindergärtnerinnen und Lehrerinnen für Hauswirtschaften, Turnen, Handarbeiten und für Fremdsprachen an. Die Ausbildung von Volksschullehrerinnen und Lehrerinnen weiterbildender Schulen wurde grundsätzlich getrennt. Höhere Lehrerinnenseminare dienten der Ausbildung von Lehrerinnen für mittlere und höhere Mädchenschulen. Sie dauerte nun vier Jahre, drei Jahre davon benötigte man zum Erwerb der Reifeprüfung, ein weiteres Jahr wurde mit der Lehramtsprüfung abgeschlossen. Zweifellos stellte die Reform einen Fortschritt dar, aber die bürgerliche Frauenbewegung interpretierte die neue Prüfungsordnung als Versuch, den Zugang von Frauen zum nun offenen Hochschulstudium zugunsten anderer weiblicher Bildungswege zu erschweren. Ob sich der weibliche Professionalisierungsweg in der Lehrerausbildung oder schließlich doch die Gleichstellung von Männern und Frauen im Schulbesuch und nachfolgend Studium durchsetzen würde, musste die Zukunft zeigen. Von den Bürgerinnen, die während des Wilhelminischen Kaiserreiches zäh für die Verbesserung der Mädchenschulen gekämpft hatten, profitierten die wenigsten selbst noch von dem Fall der Bildungsmauern. Doch diejenigen von ihnen, die verheiratet waren und Kinder bekommen hatten, konnten nicht selten mit Stolz auf die Ausbildungswege ihrer Töchter blicken, die diese nun beschritten.

Ringen um das Frauenstudium

Auch den Kampf *um das Durchgangstor zur Zitadelle der männlichen Vorrechte: um die Universität* (Gnauck-Kühne, 1891, 17) nahm die Frauenbewegung zu Beginn der 1890er Jahre vehement auf. Zu diesem Zeitpunkt galten die einzelnen im Ausland studierende Bürgerdamen noch als außerordentlich exotisch und besorgniserregend. Franziska Tiburtius, die 1871 mit Unterstützung von Mutter und Bruder ein Studium in Zürich begonnen hatte, verheimlichte dies im Verwandten- und Freundeskreis. *Es war immerhin möglich, dass ich aus in mir liegenden oder äußeren Motiven vor die Notwendigkeit gestellt werden konnte, dem Plan zu entsagen und zum Lehrfach zurückzukehren. Wenn aber bekannt gewesen wäre, dass ich in der Anatomie und in medizinischen Vorlesungen gewesen, so war mein früherer Beruf mir verschlossen. Welche Eltern hätten wohl einem ‚emanzipierten Frauenzimmer', das im Präpariersaal und in medizinischen Vorlesungen gewesen, ihre Töchter anvertraut. Das war doch ganz außer Frage* (Tiburtius, 1929, 141), schreibt sie in ihren Erinnerungen. Noch um 1895 bedeutete man Anna Pappritz, dass ein Studium *für ein Mädchen aus guter Familie ganz unmöglich sei und gleichbedeutend mit dem Ausschluss aus der guten Gesellschaft. Man sagte mir, dass kein Mann von einem solchen Mädchen Achtung zu haben brauche und jeder Mann sie als leichte Beute betrachte* (Pappritz, 1908, 28). Umso aufsehenerregender mag der Einsatz des „Allgemeinen Deutschen Frauenvereins" für das Frauenstudium gewesen sein. Bittschriften des ADF und des Vereins „Reform" zur Zulassung von Frauen zum Studium wurden im März 1891 im Reichstag erörtert. Das Parlament beschloss, über die *Petitionen zur Tagesordnung überzugehen.* Trotz befürwortenden Engagements seitens der Sozialdemokratie konnte sich der Reichstag nicht einmal dazu durchringen, die Petitionen dem Reichskanzler *zur Erwägung* vorzulegen. Die Parlamentsdebatte zeigt, wie sehr die Mehrheit der Abgeordneten nach wie vor davon ausging, dass weder ein Studium noch ein entsprechender Beruf mit dem Wesen der Frau vereinbar seien. Zwar wiesen die Befürworter der Petitionen darauf hin, dass im Ausland schon längst weibliche Studenten, akademische Lehrerinnen und Ärztinnen üblich seien, doch der konservative Abgeordnete Hultzsch erläuterte: *Die Natur hat den Frauen ihren Wirkungskreis zugewiesen; dieser Wirkungskreis ist das Haus und die Familie, nicht aber der Kampf mit der Welt, ihren Leidenschaften und Aufregungen. Reißen wir die Frauen aus diesem ihnen angewiesenen Wirkungskreis heraus, nun, dann geht das Familienleben zu Grunde, dann wird die Erziehung gefährdet, dann ist es die wahrscheinliche Folge, dass wir eine verschrobene und überspannte Jugend späterhin erstehen sehen* (Reichstagsprotokoll, 11.3.1891, 2004). Und der Zentrumsabgeordnete Orterer beschwor die unerwünschte Konkurrenz, die den männlichen Akademikern durch weibliche Studiumsabsolventinnen entstehen würde: *Wenn Sie aber darüber hinaus den Zugang zu allen gelehrten Berufen [...] eröffnen, dann fürchte ich, dass ein Zustand entsteht, den wir als einen nicht erfreulichen bezeichnen können. Denn das ist doch wohl nicht zweifellos* [sic], *dass wenn das neulich angezogene männliche gebildete Proletariat schon eine eminente Gefahr für die Gesellschaft ist, dann das auf Hochschulen herangebildete weibliche Proletariat noch erheblichere Gefahren hervorruft.* Mit Verweis auf Russland kam er zum Ergebnis: *Aus solchen ‚Studentinnen' sind jene staatsgefährlichen und umstürzlerischen Elemente hervorgegangen* (Reichstagsprotokoll, 11.3.1891, 2000). Es scheint insbesondere diese zitierte Reichstagsdebatte gewesen zu sein, die Elisabeth Gauck-Kühne zu ihrer Kampfschrift für das Frauenstudium provozierte, die sie im gleichen Jahr publizierte. Es herrsche ein bedrohlicher Frauenüberschuss, erläuterte sie. Mehr als 20 % der deutschen Frauen seien auf eigenen Erwerb angewiesen. Ihre Befähigung zu qualifizierter Ausbildung und Berufsarbeit stehe außer Frage. Und sie resümierte bitter: *Die ablehnende Haltung der Männer gegen die Forderung der Frau, zur Universität zugelassen zu werden, wird nicht nur durch die Vorurteile hervorgerufen, dass studierte Frauen unbrauchbare Hausmütter, unweibliche Zwittergeschöpfe, ungesunde Menschen werden müssten – es spricht auch der Gedanke mit: Hat die Frau studiert, hat sie sich die nötige Vorbildung zu einem wissenschaftlichen Berufe angeeignet, so wird sie folgerichtig auch diesen Beruf ausüben wollen. Damit würde die Konkurrenz beginnen. Gestehen wir es mutig und offen ein: Die Furcht vor dieser Konkurrenz ist ein Hauptgrund zu heftigem Widerspruche!* (Gnauck-Kühne, 1891, 41). Vorerst blieb ihr und anderen wie Anna Tomasczewska nur die Gasthörerschaft an einer Universität, wenn ein aufgeschlossener Professor diese gestattete.

Noch 1897 schienen die Reihen der Gegner des Frauenstudiums fest geschlossen. In diesem Jahr befragte der Berliner Journalist Arthur Kirchhoff eine Reihe von Hochschulprofessoren über ihre Haltung zum Frauenstudium. Zwar bekannte sich nur einer kleiner Teil der Befragten als prinzipielle Gegner weiblicher Studenten. Die große Mehrheit konnte sich jedoch allenfalls eine bedingte Öffnung der Universitäten für hochbegabte Studentinnen in ausgewählten Fächern vorstellen. Ende des 19. Jahrhunderts zeichnete sich dennoch ab, dass auch im Deutschen Reich die Widerstände gegen Mädchenabitur und Frauenstudium schwächer wurden. Endlich trugen die Debatten um die standesgemäße Berufstätigkeit unverheirateter Bürgerinnen und die Kämpfe der Frauenbewegung Früchte. Auch der Umstand, dass im europäischen Ausland zunehmend Frauen der Zugang zur Universität eröffnet wurde, und das Beispiel einiger Pionierinnen, die im Ausland studiert hatten, ließen die Argumente der Gegner immer unglaubwürdiger werden. Die Vorreiterrolle übernahm Baden und öffnete seine Universitäten 1900 weiblichen Studierenden. In dem kleinen Land hatte der staatsnahe „Badische Frauenverein" unter der Leitung der Landesmutter beträchtliche Vorarbeit geleistet. 1903 folgt Bayern, 1904 Württemberg und 1906 Sachsen. Gasthörerinnen waren in Preußen zwar schon seit etwa 1895 erlaubt, doch erst 1908 konnten sich Frauen an preußischen Universitäten als reguläre Studentinnen einschreiben. 1906 waren im Sommersemester bereits mehr als 200 Studentinnen an deutschen Universitäten immatrikuliert. Ihre Zahl stieg bis zum Wintersemester 1908/09 auf über 1100 an. Vor dem Ersten Weltkrieg studierten bereits über 4000 Frauen. Das waren immerhin 6,7 % der Studierenden, und der Anteil der Frauen wuchs weiter kontinuierlich an. Da viele der Studenten Kriegsdienst leisten mussten, gestalteten sich die Universitäten während der Kriegsjahre mehr oder weniger zu Frauenuniversitäten um. Das Argument, dass Frauen angesichts ihres Geschlechtscharakters zum Studium nicht geeignet seien, war endgültig verstummt.

Schreibende Frauen

Einen Weg, sich in die widerständige Nation einzuschreiben, den sich Bürgerinnen im Verlaufe des Wilhelminischen Kaiserreichs erkämpften, stellte das Veröffentlichen eigener Texte dar, sei es in gesellschaftspolitischen Zeitschriftenartikeln, literarischen Beiträgen oder selbstständigen Publikationen. Noch in den 1860er Jahren war in Zweifel gezogen worden, ob es sich für eine Frau schicke, selbstständig und unter eigenem Namen zu publizieren. Schlimmer noch: Konnte man ihr überhaupt zutrauen, mit Niveau zu schreiben? Ihre erste größere Publikation, die Übersetzung eines Werkes über „Die Spanische Nationalliteratur", veröffentlichte Hedwig Dohm 1867 daher auch unter „H. Dohm", das Geschlecht der Übersetzerin diskret verschweigend. Ihre folgenden feministischen Schriften in den 1870er Jahren brachte sie mit Hilfe eines Vermittlungsbüros an die männlichen Entscheider in den Verlagen. *Die unsern Kreisen angehörigen Kritiker haben dieselben gar nicht oder ungünstig besprochen* (Müller/Rohner 2009, 34 f.). Auch ist nicht unbedingt anzunehmen, dass ihr Mann von ihren kämpferischen Positionen begeistert war. Über solche scheinbar privaten Dinge hat sich Hedwig Dohm aber immer ausgeschwiegen. Eine der Zeitzeuginnen, Wally Zepler, schrieb in den „Sozialistischen Monatsheften“ 1913: Wohl stieß Hedwig Dohm *im Haus und bei ihren Freunden nicht auf direkten Widerstand, ebensowenig aber auf Sympathien oder warmes Interesse.* Zur bekannten Schriftstellerin wurde Hedwig Dohm erst nach dem Tod ihres Mannes. Auch Auguste Hauschner veröffentlichte ihre ersten schriftstellerischen Versuche unter Pseudonym. Spätestens in den 1890er Jahren jedoch waren schreibende Frauen keine Seltenheit mehr; das weibliche Geschlecht hatte sich freigeschrieben.

Eine Bühne für weibliche Autoren waren die Zeitschriften, deren Zahl im Kaiserreich beständig anwuchs. Breit genutzte Publikationsorgane stellten die Blätter der bürgerlichen Frauenbewegung dar. Als Vereinsorgane und Richtungszeitschriften wurden sie von den weiblichen Vereinsvorständen oder einzelnen weiblichen Mitgliedern publiziert, und in der Regel waren auch die Autoren der Artikel Frauen. Einflussreich waren beispielsweise die „Neuen Bahnen“, das Organ des ADF seit 1866. Der BDF publizierte seit 1899 das „Centralblatt des Bundes Deutscher Frauenvereine“. Helene Lange und Gertrud Bäumer, beide höchst einflussreich in der Frauenbewegung, gaben „Die Frau“, gegründet 1893, heraus. „Die Frauenbewegung“, gegründet 1895 von Minna Cauer, stand für die radikale bürgerliche Frauenbewegung. Sie alle boten schreibwilligen Frauenrechtlerinnen ein Forum. Aber auch pädagogische Zeitschriften und Publikationsorgane der Sozialreform breiteten sich im Kaiserreich aus und öffneten sich schreibenden Frauen. 1917 zählte Lida Gustava Heymann knapp 160 Frauenzeitschriften, darunter 45 Zeitschriften der Frauenbewegung, 80 Fach- und Berufsblätter und 33 Zeitschriften für Wohlfahrt. Insbesondere Erziehungsfragen stellten ein Themenfeld dar, in dem sich Frauen traditionell kompetent fühlten. Im Erziehungsbereich hatten sie während des Kaiserreichs mehr und mehr Aufgaben übernommen, professionelle Ausbildungen gefordert, eingeführt und durchlaufen. Überdies schien auf dem breiten Feld der Erziehung schriftstellerische Kompetenz die der bürgerlichen Frau gesetzten Geschlechtsgrenzen nicht zu verletzen. So gehörte Mathilde Lammers schon in den 1870er und 1880er Jahren zu den Autorinnen, die sich als Pädagogin beispielsweise in der Zeitschrift „Die Lehrerin in Schule und Haus“ zu Wort meldeten. Und welche gesellschaftlichen Bereiche erlaubten keinen Zugriff mithilfe pädagogischer Erwägungen? Zunehmend weitete sich der

Fokus erzieherischer Konzepte weg von der Familie in Richtung weiter Beeinflussung der Gesellschaft. Schreibend versuchten Frauen *die Gesellschaft auf pädagogischem Wege zu verändern.* [...] *Mithilfe einer politisch orientierten Pädagogisierung besetzten sie Segmente der Öffentlichkeit und werden auf diesem Weg selbst Teil dieser.* [...] *Sie erheben in ihren Zeitschriften ihre Stimme und werben um Mehrheiten. Sie ringen um Machtanteile, die in der Regel in Männerhänden ruhen und sie kämpften darum, sie zu Gunsten der Frauen zu verschieben* (Zelfel, 2004, 333). Mathilde Lammers gründete 1877 zusammen mit ihrem Bruder die Monatszeitschrift „Nordwest". Sie redigierte die Zeitschrift und verfasste zahlreiche Artikel zu pädagogischen Fragen und zu Problemen weiblicher Lebensführung. Auch Marie Wegner betätigte sich als Zeitschriftenherausgeberin. Von 1906 bis 1909 gab sie die „Mitteilungen des Schlesischen Frauenverbandes" als Beilage des „Zentralblatts des Bundes Deutscher Frauenvereine" heraus. Diese entwickelte sie weiter zur selbstständigen „Frau im Osten", die zwischen 1909 und 1919 erschien. Andere in der Frauenbewegung engagierte Bürgerinnen wie Anna Pappritz oder Elisabeth Gnauck-Kühne publizierten in den Sparten sozialen Engagements, in denen sie sich besonders engagierten. Frühe sozialwissenschaftliche Studien zur sozialen Lage der bürgerlichen Frau wie der Arbeiterinnen entstammen ihrer Feder. Die Sozialdemokratinnen mit bürgerlicher Herkunft, Anna Blos, Lily Braun und Clara Zetkin, publizierten im Interesse des weiblichen Teils der Arbeiterbewegung. Nicht wenige der bürgerlichen Damen versuchten sich auch als Autorinnen belletristischer Texte. Auguste Hauschner beispielsweise gehört zu denjenigen Schriftstellerinnen, deren Romanfiguren die Kritik der Autorin am patriarchalen Familienbild widerspiegeln. Sie kritisiert das übliche Verhältnis zwischen den Geschlechtern und sieht in der Mutterschaft nicht den ausschließlichen Höhepunkt weiblichen Daseins. Auch Hedwig Dohms weibliche Novellen- und Romanfiguren kreisen um das weibliche Selbstverständnis der Frauen des Wilhelminischen Kaiserreiches, um ihre Wünsche, Hoffnungen und Handlungsspielräume. Doch die Ausbruchsversuche der Romanheldinnen scheitern in der Regel. Freie Entfaltungsmöglichkeiten für ihre Geschlechtsgenossinnen konnte sich Hedwig Dohm noch nicht vorstellen. Dass das Selbstbewusstsein der Frauenrechtlerinnen jedoch mehr und mehr stieg, belegt ein weiteres Genre ihrer schriftstellerischen Tätigkeit: die Autobiografie. Hedwig Heyl und Franziska Tiburtius veröffentlichten Lebenserinnerungen; auch Anna Pappritz scheint eine solche geplant zu haben.

Bild 12: Anna Blos (1866–1933), Sozialdemokratin und frühe Verfasserin von Frauengeschichte.

Schließlich eroberten sich schreibende Bürgerinnen auch die Geschichtsschreibung. Hier ist vor allem Anna Blos zu nennen, die sich als Vorreiterin um weibliche Traditionsstiftung und Frauengeschichte bemühte. 1928 publizierte sie zehn Biografien von Frauen, die an der Revolution 1848 beteiligt waren und belegte damit, dass sich Frauen auch schon in der Mitte des 19. Jahrhunderts in politischen Kämpfen engagierten und positionierten. *In treuem Gedenken an meinen lieben Mann* veröffentlichte sie ein Jahr später 15 Biografien schwäbischer Frauen, unter ihnen die Schriftstellerinnen Sophie von La Roche und Therese Huber. *Mir aber war es stets ein Anliegen, zu erforschen, ob nicht auch in den Frauen ein Hauch jenes Geistes zu spüren war, der die Männer erfüllte. In den Adern der Söhne rauscht auch das Blut der Mütter. Mit den Söhnen wachsen die Töchter heran*, schreibt sie im Vorwort. *Wir wissen, wie viel Einfluss Schwestern häufig auf ihre Brüder ausüben. Die Männer haben Gattinnen, Gefährtinnen, die, wenn sie auch bescheiden zurücktreten hinter dem Ruhm des Gatten, doch in der Stille des Hauses ihnen verständnisvoll die Vollendung ihrer Werke ermöglichen, die sie anregen, die alle ihre Hoffnungen und Pläne mit ihnen teilen und ihnen über die dunklen Stunden des Zweifels, der Mutlosigkeit hinweghelfen, die keinem großen Menschen erspart bleiben*, notiert sie, vielleicht ihr eigenes Selbstverständnis charakterisierend. Und sie kommt zum Ergebnis: *Bei solchem Forschen fand ich, dass es immer Frauen gegeben hat, die nicht nur neben und durch den Mann etwas galten, sondern auch Frauen, die zu einer Epoche, in der den Frauen eigentlich das Haus als Grenzen und Bereich zu-*

gewiesen war, diese Grenzen sprengten, weil auch sie berührt waren von dem schöpferischen Genius ihrer Zeit (Blos, 1929, 7 f.).

Sexualethik und Frauenbewegung

Zu den Themen, mit denen sich die Angehörigen der bürgerlichen Frauenbewegung intensiv befassten, gehörten auch Ehe, Ehekritik, Prostitution und Sexualreform. Die Frage der Prostitution zählte zu einer der meistdiskutierten gesellschaftlichen Probleme Ende des 19. Jahrhunderts. Keineswegs nur engagierte Bürgerinnen meldeten sich zu Wort. Städteforscher, Sozialreformer und Mediziner nahmen sich eines Phänomens an, das zwar keineswegs neu war, aber mehr und mehr Aufmerksamkeit erregte. Ohne gesicherte Zahlengrundlage gingen die Diskutierenden davon aus, dass „das älteste Gewerbe der Welt" in den wachsenden Großstädten immer mehr an Bedeutung gewann. Prostituierte mussten sich gemäß Strafgesetzbuch des Reiches registrieren lassen und durften nur in dafür ausgewiesenen städtischen Regionen „arbeiten". Sie unterlagen der polizeilichen Kontrolle und hatten sich regelmäßigen Gesundheitsuntersuchungen zu unterziehen. Galt der Besuch eines „Freiers" bei einer Dirne als männliches Normalverhalten, traf die namentlich erfasste Dirne die geballte Kraft des moralischen Verdikts. Das Strafgesetz erlaubte den Ordnungsbehörden die Kontrolle ihres gesamten (unsittlichen) Lebenswandels, ihrer Aufenthaltsorte und Wohnungen. Befassten sich Sozialpolitiker und Mediziner vor allem mit der Frage, wie die zeitgenössisch medizinisch nur schwer in Zaun zu haltenden Geschlechtskrankheiten einzudämmen seien, ging es den bürgerlichen Frauenrechtlerinnen in erster Linie um die Durchsetzung einer neuen Moral und Sittlichkeit für Freier und Liebesdienerin. In den 1890er Jahren beschäftigte sich der BDF häufig mit dem heiklen Thema. Hanna Bieber-Böhm trat zuerst für eine möglichst umfassende Kontrolle und Unterdrückung von Prostitution ein. Die „radikaleren" Frauenrechtlerinnen kämpften stattdessen gegen die herrschende Doppelmoral und forderten gleiche sexualethische Standards für Mann und Frau und die Abschaffung der staatlichen Prostitutionsüberwachung. Zu den Führungsfiguren der „Radikalen" gehörte Anna Pappritz. In England Ende der 1890er Jahre mit der abolitionistischen Bewegung in Berührung gekommen, suchte sie diese im Deutschen Reich heimisch zu machen. Schließlich gelang es ihr, auch den zögerlichen BDF auf Linie zu bringen. 1902 wurde sie in den Vorstand des BDF gewählt und der Bund auf das abolitionistische Programm verpflichtet. *Die Prostitution ist von jeher als ein Krebsschaden der menschlichen Gesellschaft angesehen worden* (Pappritz, 1909, 163), schreibt sie in einem Beitrag zum Thema. Frauen stehen *unter einem doppelten Sittengesetz. [...] Für die einen, für den Kreis aus dem der Mann sich seine Gattin sucht, fordern wir geschlechtliche Unberührtheit; an die anderen die ihm zur Befriedigung seiner Begierden dienen, dürfen wir logischerweise diese Anforderung nicht stellen* (ebd. 172). Die Reglementierung der Prostitution entspringe der doppelten Moral, aber: *Ein Rückblick auf die Vergangenheit lehrt uns, dass es die Nachfrage vonseiten des Mannes und die wirtschaftliche und rechtliche Abhängigkeit vonseiten der Frau waren, die die Prostitution hervorgerufen haben, diese beiden Faktoren sind noch immer wirksam und stellen auch heute die hauptsächliche Ursache dieser sozialen Krankheitserscheinung dar* (ebd. 164). Der herrschenden Doppelmoral müsse auf zwei Wegen begegnet werden. Zum einen sei die soziale Lage des weiblichen Geschlechts zu verbessern, denn allzu häufig sei wirtschaftliche Not die Ursache der Prostitution. Zum anderen aber müsse die sexualethische Erziehung des männlichen Geschlechts überdacht werden.

Das weit gesteckte Programm führte im Wilhelminischen Kaiserreich zu keinen rechtlich verankerten Ergebnissen, doch die abolitionistische Bewegung lieferte die Argumente, die in der Weimarer Republik zur Änderung des Strafrechts führen sollten. Zum 70. Geburtstag von Anna Pappritz 1931 brachte „Der Abolitionist" eine ihr gewidmete Ausgabe heraus. Darin schreibt Marianne Weber: *Die Öffentlichkeit kennt Sie als eine der bedeutendsten Führerinnen auf dem Gebiet sexueller Gesittung, als Kämpferin gegen gesellschaftliche Heuchelei und Scheinehrbarkeit. Sie zwangen Ihre behüteten Geschlechtsgenossinnen, sich über die dunkeln Untergründe ihrer eigenen Tadellosigkeit klar zu werden [...] Die Gesetze sind [...] geändert. Ein entwürdigendes Polizeisystem ist aufgehoben und an seiner Stelle sind überall Fürsorgeeinrichtungen geschaffen, die denjenigen Frauen, die aus der Verwahrlosung gerettet werden wollen, zurechthelfen. Ob dadurch die geschlechtliche Gesittung in unserem alle überkommenen Bindungen auflösenden Zeitalter gewachsen ist? Ich traue mir darüber kein Urteil zu. Aber zweifellos ist heute die Scheu eines Teiles unserer besten männlichen Jugend vor der Prostitution größer als früher. Zweifellos ist die Vorstellung einer doppelten Moral, welche nur die gefallene Frau zur Sünderin stempelt und pharisäisch von ihr abrückt, weitgehend überwunden, und zweifellos bedeutet es die Reinigung des allgemeinen Bewusstseins, dass die ungeheuren*

Probleme des Geschlechtslebens für Kulturmenschen endlich sachlich erörtert werden können. So hat Ihr und Ihrer Mitarbeiter persönlicher Einsatz die Früchte getragen, für die das Zeitalter reif war (Marianne Weber in: Der Abolitionist, 9. Mai 1931, 2 f.).

Bild 13: Anna Pappritz (1861–1939), dritte von links mit Kampfgenossinnen auf dem Internationalen Frauenkongress in Berlin 1914.

... um das Frauenstimmrecht

Für mich liegt der Anfang alles wahrhaften Fortschritts auf dem Gebiet der Frauenfrage im Stimmrecht der Frauen. [...] *Die Frauen haben Steuern zu zahlen wie die Männer, sie sind verantwortlich für Gesetze, an deren Beratung sie keinen Anteil gehabt; sie sind also den Gesetzen unterworfen, die Andere gemacht. Das nennt man in allen Sprachen der Welt Tyrannei* (Dohm, 1873, 166 f.). Mit diesen klaren Worten kommentierte

Hedwig Dohm zu einer Zeit den Ausschluss der Frauen aus der politischen Sphäre, als solche Stimmen noch kaum zu hören waren. Auch die in den 1890er Jahren an Zulauf gewinnende bürgerliche Frauenbewegung tat sich schwer mit der Forderung nach dem allgemeinen Wahlrecht für Frauen. Die Frauenrechtlerinnen waren sich uneins darin, ob ein allgemeines Wahlrecht für Frauen überhaupt wünschenswert sei. Manche von ihnen wie etwa Elisabeth Gnauck-Kühne äußerten sich öffentlich sehr zögerlich zu dieser Frage. Ein klares Statement für das weibliche Wahlrecht kam von anderer Seite: von der Sozialdemokratie. Seit dem Erfurter Programm (1891) forderte die Partei das allgemeine gleiche Wahlrecht für Männer und Frauen. Ein Jahr später begann sie eine Kampagne gegen das in Preußen noch immer gültige „Koalitionsverbot", das Frauen die Mitgliedschaft in politischen Organisationen, ja sogar die Teilnahme an politischen Versammlungen verbat. Es war auch die „Sozialdemokratische Arbeiterpartei", die als erste die Forderung nach dem Frauenwahlrecht im Reichstag (1895) einbrachte. Und so gilt auch die Sozialdemokratin Lily Braun als eine der ersten Frauen, die in einer öffentlichen Rede für das Frauenwahlrecht agitierte. *Am Abend darauf trat ich in den hellen, dicht gefüllten Saal des Langenbeck-Hauses. Einen Augenblick lang schien die Erde zu schwanken, die Lichter tanzten einen wahnsinnigen Ringelreihen, und mir war, als müssten die vielen Menschen auf den amphitheatralisch hoch aufsteigenden Bänken wie eine Lawine auf mich niederstürzen.* [...] *Allmählich aber strömte etwas mir entgegen wie ein lebendig gewordenes Verstehen, – ich fühlte die Menschen, die unter meinen Worten ein Mensch geworden waren, – mit einem klopfenden Herzen, einem gehorchenden Verstand.* [...] *die Prostitution ist das einzige Privilegium der Frau* [...] *Ein Mädchen darf, solange es minorenn ist, ohne die Einwilligung ihres Vaters nicht heiraten, aber es darf sich preisgeben, ohne dass sein Vater es daran hindern kann. Die Frau darf – bei uns in Deutschland! Nicht Medizin studieren, weil man für ihre Weiblichkeit so zärtlich besorgt ist und ihre Sittlichkeit hüten will, aber sie darf sich einen Gewerbeschein verschaffen, der sie berechtigt, sich und andere physisch und moralisch zugrunde zu richten. Sie darf – bei uns in Deutschland! – an keiner öffentlichen Wahl sich beteiligen, aber sie darf von ihrem durch den Verkauf ihres Körpers schmählich erworbenen Geld dem Staate Abgaben zahlen*' [...] *Ich hatte geendet – mir war, als versänke ich in einem vom Orkan gepeitschten Ozean. Es dunkelte mir vor den Augen – ich fühlte Händedrücke – sah in hundert unbekannte Gesichter, – vor all diesen fremden Menschen hatte ich eben gesprochen?!* (Braun, 1985, 375 f.). Lily Brauns Erinnerungen an ihre erste öffentliche Rede zum Frauenstimmrecht lassen erahnen, welchen Schritt es für eine Frau bedeutete, mit der Forderung nach dem politischen Wahlrecht in die Öffentlichkeit zu treten. Tatsächlich regte sich breiter publizistischer Widerstand. Lassen wir als Beispiel den Schriftsteller und Journalisten Julius Duboc zu Wort kommen: *Seit das Weib – ich meine natürlich das heutige, moderne Weib – allen Ernstes mit Politik zu spielen angefangen hat, ist ihm in der weiblich-parlamentarischen Bewegung, in der es sich in Ermangelung von Besserem umhertummelt, auch eine äußerste Linke, sogar eine äußerst äußerste Linke, erstanden* (Duboc, 1896). Sichtlich entsetzt, wenn auch um intellektuelle Ironie bemüht, kommentierte Doktor Julius Duboc in der von Maximilian Harden herausgegebenen „Zukunft" die Bestrebungen der radikalen Frauenrechtlerinnen. Ihr Forderungskatalog versetzte den Autor in helle Aufregung. Duboc erinnerte an die Anfänge der Sozialdemokratie, die habe man auch nicht ernst genommen und gedacht, es handle sich um Kinderkrankheiten. Ähnlich würden manche heute die radikalen Forderungen der Frauenbewegung beurteilen; er jedoch könne dem nicht zustimmen: *Kinder spielen ja wohl auch mit Feuerwaffen und das kann sehr harmlos verlaufen, – nur dürfen die Waffen nicht geladen sein, sonst können sie sich und Anderen Schaden tun* (ebd.), so sein Resümee.

Von *geladenen Waffen* konnte vorerst nicht die Rede sein. Erst 1902 gründeten Anita Augsburg, Minna Cauer und Lida Gustave Heymann, die dem radikalen Flügel der Frauenbewegung zugerechnet werden, den „Deutschen Verein für Frauenstimmrecht". 1904 umbenannt in „Deutschen Verband für Frauenstimmrecht", kämpfte die Organisation für das aktive und passive Wahlrecht der Frauen. Der BDF stand dem Verein kritisch gegenüber und auch innerhalb seiner eigenen Reihen gab es große Kämpfe um die Art des zu fordernden Wahlrechts. Als der Verein sich für das allgemeine aktive und passive Wahlrecht entschied, gehörte auch seine Anhängerin Marie Wegner zu den Gegnern dieses Beschlusses. *In vielen Kreisen ist man der Ansicht, dass die völlige politische Neutralität nicht gewahrt wird, wenn der Verband für Frauenstimmrecht die Forderung des allgemeinen, gleichen, direkten und geheimen Wahlrechts als Hauptprogrammpunkt in seinen Satzungen festlegt. Es erscheint ihnen notwendig, wenn die Frauenrechtssache auch in konservativen und nationalliberalen Kreisen an Boden gewinnen soll, diesen Programmpunkt als Passus zu streichen* (Bettin, 2003, 136). Die Streitigkeiten führten 1913 schließlich zur Spaltung der Frauenstimmrechtsbewegung. *Theoretisch ist es ja richtig, dass wer für die Gerechtigkeit gegen die Frau eintritt, auch Gerechtigkeit für alle Frauen fordern muss. Praktisch ergab aber diese alle anderen Fragen beherrschende Theorie, dass sich der deutsche Verband für Frauenstimmrecht in Gegensatz zu allen Männerparteien stellte, von denen keine einzige, die fortschrittliche Volkspartei nicht ausgenommen, für das allgemeine, gleiche Wahlrecht in der Gemeinde eintritt. Dieser Gegensatz zu den bürgerlichen politischen Parteien wirkte ebenfalls hemmend für den Verband für Frauenstimmrecht, der nur bei der Sozialdemokratie und der kleinen demokratischen Vereinigung Gleichgesinnte fand* [...] *Unfraglich werden wir einst in allen zivilisierten Ländern das allgemeine, gleiche direkte Wahlrecht für Frauen und Männer bekommen, ein eingeschränktes Wahlrecht kann sich nur so lange halten, wie einzelne Schichten die Herrschaft besitzen; aber es jetzt schon, wo die Frauen noch gar keinen Einfluss haben, als obersten Leitsatz aufzustellen, war ein taktischer Fehler, der über kurz oder lang zur Zersplitterung führen musste* (Bettin, 2003, 145), so der Kommentar Marie Wegners. Es war dann auch nicht die Frauenstimmrechtsbewegung, sondern die Sozialdemokratie, die den Frauen erstmals zur Nationalversammlung 1919 das allgemeine aktive und passive Wahlrecht verschaffte.

Grenzgängerinnen?

Schon das soziale und politische Engagement der Angehörigen der bürgerlichen Frauenbewegung traf keineswegs auf ungeteilte Zustimmung. In konservativen Kreisen und kritischen Medien galten sie als „Blaustrümpfe" und „Mannweiber". Waren sie ledig, dann schien den kritischen Beobachtern die Erklärung auf der Hand zu liegen: Die Damen kompensierten ihre Ehelosigkeit. Waren sie verheiratet, dann konnte das Eheverhältnis eigentlich nicht in Ordnung sein. Bürgerrechtlerinnen, die sich zum radikalen Flügel der Frauenbewegung zählten, schockierten nicht selten die Öffentlichkeit durch einen freizügigeren Lebensstil. Sie trugen eventuell Reformkleidung ohne einzwängende Korsette, verkehrten mitunter in bohemistischen Künstlerkreisen und erregten den Verdacht auf sexuelle Freizügigkeit. Erschwerend kam hinzu, dass sie gelegentlich bei konkreten Anliegen mit der Sozialdemokratie zusammenarbeiteten. Dass die 1875 gegründete „sozialistische Arbeiterpartei" mit Misstrauen zu betrachten war, darüber waren sich breite Kreise des Bürgertums einig. Zwischen 1878 und 1890 mit Hilfe des Bismarckschen Sozialistengesetzes verboten und in ihren Agitationen verfolgt, stellte die Partei der „Reichsfeinde" und „Vaterlandsverräter" zwar einen kontinuierlich wachsenden Anteil an den Reichstagsabgeordneten. Auch in den Landesparlamenten und in den kommunalen Parlamenten zogen trotz Zensuswahlrecht mehr und mehr sozialdemokratische Abgeordnete ein. Doch die offene Agitation für die Sozialdemokratie und die Mitgliedschaft in der Partei bedeutete für Angehörige des Bürgertums einen Schritt über den Rubikon, das Verlassen der eigenen Klasse.

Dabei entstammten nicht wenige Führungspersönlichkeiten der Sozialdemokratie dem Bürgertum. Auch die proletarische Frauenbewegung, die Ende der 1880er Jahre entstand, entlieh sich viele ihrer Protagonistinnen bürgerlichen Kreisen. Ohnehin hatte es Verbindungen zwischen bürgerlicher Frauenbewegung und Arbeiterbewegung in ihrer Entstehungszeit während der 1860er Jahren gegeben.

Bild 14: Clara Zetkin (1875–1933) mit einer Gruppe Sozialdemokraten Württembergs um 1900.

Zu den Grenzgängerinnen zwischen Bürgertum und proletarischer Frauenbewegung zählt Clara Zetkin, geborene Eißner. Die Lehrertochter und Lehrerin, deren Mutter der bürgerlichen Frauenbewegung angehörte, hatte 1878 während ihrer Ausbildung zur Lehrerin im berühmten Lehrerinnenseminar der Frauenrechtlerin Auguste Schmidt Kontakte zu russischen Anarchisten im Leipziger Exil aufgenommen. Eine russische Mitschülerin und ihr späterer Lebensgefährte Ossip Zetkin vermittelten ihr den Zutritt zu sozialdemokratischen Vorträgen und Diskussionszirkeln. Clara Zetkins Biografen legen ihre Entscheidung, der Sozialdemokratie beizutreten, in das Jahr der Verabschiedung des Sozialistengesetzes. Zu diesem Zeitpunkt kann es sich eigentlich nur um einen informellen Schritt gehandelt haben, da Frauen der Beitritt zu einer politischen Partei nicht erlaubt und die Sozialistische Arbeiterpartei ohnehin verboten war. Doch übereinstimmend wird berichtet, dass Zetkins Entscheidung zu Konflikten mit der von ihr verehrten Seminarleiterin Auguste Schmidt und der Mutter führte. Noch scheint jedoch der Bruch mit der bürgerlichen Welt nicht endgültig vollzogen gewesen zu sein. Erst nach vier Jahren Tätigkeit als Hauslehrerin im Deutschen Reich, in Österreich und in der Schweiz folgte sie 1882 dem Freund nach Frankreich und beendete die bürgerliche Berufstätigkeit als Lehrerin in Privathaushalten. Von nun an arbeitete sie erst unter extremen Armutsbedingungen, 1891 zurückgekehrt ins Deutsche Reich als besoldete Herausgeberin der „Gleichheit" für die „sozialdemokratische Arbeiterpartei". Wesentlich auf Clara Zetkins Engagement ist zurückzuführen, dass die Partei die Forderung nach Lohngleichheit und das politische Wahlrecht für Frauen in ihr Programm aufnahm. Unter Clara Zetkins Einfluss und in mühsamer Überzeugungsarbeit in den eigenen Reihen entfaltete sich die proletarische Frauenbewegung. Zwar bemühte sich die Bürgerin an der Spitze der proletarischen Frauenbewegung um eine radikale Abgrenzung zu den politischen Kämpfen der bürgerlichen Frauenrechtlerinnen. Doch in vielen ihren Forderungen und im eigenen Lebensstil scheint ihre bürgerliche Herkunft auf. Erkennbar sind diese Wurzeln in ihrem vehementen Einsatz für Bildungschancen für proletarische Kinder. *Die Schulfrage ist ein Teil des großen Erziehungsproblems, das gesamte materielle und geistig-sittliche Milieu bewusst und planmäßig unter Beobachtung der einschlägigen Entwicklungsgesetze derart zu gestalten, dass es die höchste und harmonische Entwicklung der körperlichen, geistigen und sittlichen Kräfte des Kindes ermöglicht. Zu welchem Ziel? Wir antworten darauf mit Richard Wagner, dass ihr Ziel ‚der starke Mensch, der schöne Mensch' sein soll* [...] *Wenn wir an unserem Ideal messen, was die bürgerliche Gesellschaft für die Bildung der großen Masse des Volkes tut, dann muss unser Urteil lauten: Gewogen und zu leicht befunden* (Zetkin, 1904, 254 f.). In Stuttgart, dem Wohnsitz Clara Zetkins seit 1891, entfaltete sie nach der Jahrhundertwende zusammen mit ihren Ehemann Georg Friedrich Zundel einen Lebensstil, der die bürgerliche Sozialisation der Hausherrin atmete. Die kleine Villa mit großen Garten, Arbeitsplatz einer Sekretärin, einer Wirtschafterin, eines Gärtners und eines Chauffeurs, war Treffpunkt zahlreicher sozialdemokratischer Besucher aus dem Deutschen Reich und dem Ausland. Mit den Gästen wurde nicht nur diskutiert, sondern auch musiziert. Für Arme wurde gespendet. Ihrer Lehrerin Auguste Schmidt, welche die bürgerliche Frauenbewegung als eine ihrer Gründungsmütter feierte, setzte sie in einem Nachruf ein kleines (sozialdemokratisches) Denkmal mit einem *Strauß blühenden Immergrüns.* In der „Leipziger Volkszeitung" schreibt Zetkin, Auguste Schmidt habe es verstanden, *den Unterricht erzieherisch zu gestalten, einen idealen Gehalt in das Leben ihrer Schülerinnen zu tragen, durch hinreißendes Wort und persönliches Beispiel zur begeisterten Hingebung an tote Ideale zu entflammen, unbeugsame Pflichttreue zu lehren, den Willen zu wecken, für eine erkannte Wahrheit ohne Schachern und Feilschen die ganze Persönlichkeit einzusetzen* (Leipziger Volkszeitung, 1902). Der Kontakt Clara Zetkins mit ihrer Herkunftsfamilie scheint trotz ihres Bruches mit dem bürgerlichen Leben nicht dauerhaft gestört geblieben zu sein. Claras Bruder, Arthur Gottfried Eißner, Lehrer in Leipzig, finanzierte seiner erkrankten Schwester und ihren Kindern 1886 einen Erholungsurlaub in Leipzig. Ein um 1890 entstandenes Bild zeigt Clara Zetkins Söhne bei einem Aufenthalt bei Großmutter und Tante Eißner.

Auch Lily Braun, die bürgerlich verheiratete Adelige, die sich als Erwachsene zur vielseitig beachteten sozialdemokratischen Schriftstellerin und Kämpferin für Frauenrechte entwickelte, berichtet in ihrem autobiografischen Roman von dem familiären Bruch, den ihr Beitritt zur Sozialdemokratie bedeutete. *Du teilst uns mit,* kommentiert ihre Mutter den folgenschweren Schritt, *dass Du deine Redaktionsstellungen aufgegeben hast, um Dich ganz und gar der Sozialdemokratie in die Arme zu werfen. Deine große Verirrung, Dein Unglaube haben Dich, wie es scheint, für alles, was Pflicht, Gehorsam, Liebe und Rücksicht heißt, blind und taub gemacht, sonst müsstest Du wissen, dass Du mit einem solchen Schritt Deinem ganzen bisherigen Verhalten Deinen Eltern, Deiner Familie gegenüber die Krone aufsetzt. Dieser Partei, die alles besudelt und mit Füßen tritt, was uns heilig ist: Gott und Christentum, Familie, Ehe, Monarchie und Militär, sollen wir unser Kind überlassen? Es wäre in dem Augenblick für uns gestorben!* (Braun, 1985, 408).

Ob die Arzttochter Anna Tomasczewska (verheiratete Blos) ähnliche Schwierigkeiten zu meistern hatte, ist nicht überliefert. Sie pflegte offenbar schon in jugendlichem Alter Kontakt mit Jenny, der Ehefrau von Karl Marx. Vage biografische Angaben über ihre Ausbildung zur Lehrerin, Gasthörerschaft an der Berliner Universität, Tätigkeit als Oberlehrerin und Engagement in der bürgerlichen Frauenbewegung konkretisieren sich erst für die nunmehr 39-Jährige im Jahr 1905, als sie nach ihrer Heirat mit dem württembergischen Sozialdemokraten

Wilhelm Blos in der Stuttgarter Sozialdemokratie aktiv wurde. Von nun an war sie als Journalistin unter anderem für die sozialdemokratische Zeitung „Gleichheit“ beschäftigt und gab Fortbildungskurse für die Kinder der Sozialdemokraten. Später gehörte sie dem Landesvorstand der württembergischen Sozialdemokratie an und entfaltete eine rege schriftstellerische Tätigkeit im Umfeld der schwäbischen Frauen- und Revolutionsgeschichte. Vermutlich hatte sie sich schon vor ihrer Heirat der Sozialdemokratie angenähert. Auseinandersetzungen mit den Eltern dürfte es deswegen nicht gegeben haben; beide waren seit 1879 bzw. 1892 verstorben. Doch ähnlich wie bei Clara Zetkin scheint der Lebensstil im Hause Blos durch die bürgerliche Herkunft der Hausherrin geprägt. *Ihre gepflegte Häuslichkeit, ihre Bildung, ihre ‚jours fixes‘ mit Musikern, Literaten und Politikern waren für sie in ihren sich wechselnden Wohnungen in Cannstatt, in Degerloch, dann von 1919–1933 im Alten Schloss – wie für Clara Zetkin in ihrem Haus in Sillenbuch – neben dem sozialen/sozialistischen Engagement der notwendige Rahmen* (Riepl-Schmidt, 1998, 143 f.). Auch in ihrer Tätigkeit im Stuttgarter Schulrat sah sie ihre Hauptaufgabe darin, die im Bürgertum so hoch bewertete Bildung der *minderbemittelten Bevölkerung* zukommen zu lassen. *Einfluss bekommen auf Schul- und Erziehungsfragen unserer Volksschüler und -schülerinnen, der Jugend unseres Proletariats so viele Bildungsmöglichkeiten zuwenden, wie sie nur für sie erreichbar sind, mithelfen, dass die Volksschule aus dem Aschenbrödel zum wichtigsten Faktor unserer Gemeinde erhoben wird, das erscheint mir als eine der wichtigsten Aufgaben der Sozialistinnen* (Mann, 1977), erklärt sie in ihrem Tätigkeitsbericht. Ähnlich wie Lily Braun scheint sie in der Sozialdemokratie nie ganz heimisch geworden zu sein. *Sie stand fast immer unter dem Eindruck, zurückgesetzt, nicht genügend anerkannt zu sein*, schreibt Marie Juchacz, die ihr 1955 ein erstes biografisches Porträt widmete. *Sie fühlte sich von den Angehörigen der arbeitenden Schichten, denen sie größere Bildungsmöglichkeiten vermitteln wollte, durch eine Kluft getrennt* […] *Sie hatte große Fähigkeiten, und ihre Arbeit fand auch Anerkennung. Trotzdem scheint sie sich verlassen, fremd gefühlt zu haben in der Arbeiterbewegung, die sie geliebt hat und der sie bis zum Tode treu geblieben ist* (Juchacz, 1955, 114).

Ausklang

Nutznießerinnen

In den frühen Jahren des 20. Jahrhunderts begann sich abzuzeichnen, dass viele gesellschaftliche Schranken, die den Forderungen der frauenbewegten Bürgerinnen in Bildung und Beruf Grenzen setzten, ins Wanken gerieten. Den bürgerlichen Damen, die nach 1880/1890 geboren waren, schien die Welt auf neue Weise offen zu stehen. Die Zeitgenossinnen der Reformen um die Jahrhundertwende waren sich bewusst, wie sehr die Erfolge den Kämpfen der ersten Generation den Frauenrechtlerinnen der 1880er und 1890er Jahre zu verdanken waren. Ob die Töchter der in diesem Buch zu Wort gekommenen Bürgerinnen die neuen Freiräume genutzt haben? Hedwig Heyls einzige Tochter heiratete gegen den Rat der Mutter 18-jährig einen 40-jährigen Mann. Zuvor hatte sie, anscheinend wenig engagiert, das gleiche Mädchenpensionat durchlaufen, das ihre Mutter begeistert besucht hatte. Die beiden Töchter Margarethe Krupps heirateten früh standesgemäß, ohne dass irgendwelche besonderen beruflichen oder gesellschaftspolitischen Bestrebungen ihrerseits überliefert wären. Lily Braun, Marie Wegner, auch Clara Zetkin hatten nur Söhne. Diese allerdings begegneten den mütterlichen Bestrebungen mit Sympathie. Emilie Bücher, Mutter eines Sohnes, hatte zumindest eine promovierte Enkelin. Die Ehen von Anna Blos, Elisabeth Gnauck-Kühne und Auguste Hauschner blieben kinderlos. Mathilde Lammers, Anna Pappritz, Margarete Steiff und Franziska Tiburtius waren zeitlebens ledig. So liefert nur die Familie Hedwig Dohms breiteres Anschauungsmaterial für die töchterlichen Lehren, die aus dem Engagement der Mutter gezogen wurden.

Alles, wofür sie gekämpft und gelitten hat, wofür sie ausgelacht und angepöbelt worden ist, hat sich erfüllt, schreibt Hedwig Pringsheim 1930 über ihre Mutter Hedwig Dohm. *Und zwar viel schneller, als man erhoffen durfte. Frauen-Gymnasialbildung und -Universitätsstudium, Erschließung wirtschaftlicher und wissenschaftlicher Berufe, sogar das aktive und passive Wahlrecht der Frau hat sie als beinahe schon Sterbende noch erlebt. Als ich sie fragte: ‚Freust du dich denn nicht, Mutter?‘, schüttelte sie wehmütig ihren alten, schönen, lieben Kopf: ‚Zu spät, zu spät.‘ Aber das hat sie mit vollem Bewusstsein genossen, dass wenn auch noch nicht ihre Töchter, so doch ihre Enkelinnen sich der neuen Freiheit freuen durften: sechs von ihnen haben studiert, drei den Doktorhut erworben, alle stehen im Berufsleben* (Pringsheim, 1930a).

Dass es dennoch lange dauerte, bis die Errungenschaften der Frauenbewegung tatsächlich den Alltag der nachfolgenden Generationen prägten, lässt sich freilich am Bildungsgang von Hedwigs Tochter, Katia Pringsheim (geb. 1883), spätere Ehefrau von Thomas Mann, veranschaulichen: Auf den mit dem Zwillingsbruder gemeinsam absolvierten innerhäuslichen Grundlagenunterricht folgte die Einschulung des Bruders im Gymnasium *und ich war allein. Es war eine Idee meiner Mutter oder auch meiner Großmutter, der Mutter meiner Mutter, Hedwig Dohm, die ja bekanntlich Frauenrechtlerin war, dass ich das Gymnasium besuchen sollte. Es gab damals kein Mädchengymnasium in München und natürlich keine gemischten Schulen wie heute; infolgedessen hatte ich Privatunterricht bei verschiedenen Gymnasialprofessoren* [...] *So ging es bis zu meinem siebzehnten Jahr. Dann machte ich gemeinsam mit dem Zwillingsbruder als Externe das Abitur* (Mann, 1974, 10). Es scheint auch der „Auftrag" der Frauen der Familie gewesen zu sein, dass Katia Naturwissenschaften zu studieren begann. *Vielleicht hätte ich zu Ende studiert und auch Examina gemacht. Ich hatte ja erst vier oder sechs Semester studiert, als ich heiratete, und wie ich dann verheiratet war, kam bald das erste Baby, und dann sofort das zweite Baby, und sehr bald kam dann das dritte und vierte. Da war's aus mit dem Studium* (ebd. 11).

Zweifel, ob die Nutznießerinnen die Kämpfe ihrer Vorgängerinnen zu schätzen wissen, mögen auch aus den Worten sprechen, die Anna Blos der von ihr und anderen 1930 herausgegebenen Darstellung zur „Frauenfrage im Lichte des Sozialismus" voranstellte: *Das Buch soll einen Überblick über das geben, was die Frauen von der Sozialdemokratischen Partei empfangen haben. Es soll aber auch zeigen, welche ungeheure Förderung die Sozialdemokratie den Frauen verdankt. Es soll den Jungen die schweren Kämpfe schildern, die die sozialistischen Frauen früher zu bestehen hatten, und sie anspornen, weiterzukämpfen. Es soll aber auch den Alten beweisen, dass ihre Arbeit nicht umsonst gewesen ist, dass sie aufgenommen und fortgeführt wird* (Blos, 1930, Vorwort).

Der Erste Weltkrieg: Heimatfront

Das Unglaubliche, Unfassbare hat sich ereignet, ganz Europa steht plötzlich mit einander im Kriege. Wir von der Frauenbewegung, die wir immer und immer wieder für den Frieden eingetreten sind, sehen mit tiefer Trau-

er, wie die Völker einander morden und in jahrelanger Arbeit mühevoll errungene Kulturwerte zu Grunde gehen. Tausende von Müttern müssen ihre Söhne, tausende von Frauen den Gatten hergeben, um unser von so vielen Feinden bedrohtes Heimatland zu schützen (Bettin, 2003, 155). Große Bestürzung spricht aus dem Kommentar, den Marie Wegner kurz nach Ausbruch des Ersten Weltkrieges in der von ihr herausgegebenen Zeitschrift „Die Frau im Osten" publizierte. Diese Fassungslosigkeit teilte sie mit vielen Bürgerinnen. Hatten Bürgerinnen eine andere Haltung als Bürger zum Kriegsgeschehen? Grundsätzlich sicherlich nicht. Zeugnisse von Hurra-Patriotismus, sorgenvoller Distanz und Bemühungen, die sogenannte Heimatfront zu organisieren, lassen sich genauso finden wie ein politisch keinesfalls ungefährliches Engagement für die internationale Friedensbewegung. Einig waren sich die sozial engagierten Bürgerinnen, dass es nun darum ging die Not in der Heimat zu lindern und die weiblichen Kompetenzen in kriegsbegleitende Sozialarbeit einmünden zu lassen. Darauf verweist auch schon der eben zitierte Artikel von Marie Wegner: Wir haben jetzt *keine Zeit über die grauenhaften Begleiterscheinungen des Krieges zu verhandeln, wir müssen versuchen dort einzuspringen, wo es an Arbeitskraft fehlt, das furchtbare Elend zu lindern, das jetzt im Anfang des Krieges durch Arbeitslosigkeit überall auftritt* (Bettin, 2003, 155). Tatsächlich schlossen sich in den großen Kommunen des Reiches rasch die Vereine der bürgerlichen Frauenbewegung mit den lokalen Wohlfahrtsorganisationen zum „Nationalen Frauendienst" zusammen. Sie übernahmen die Schulung von Pflegerinnen, organisierten die Herstellung von Verbandszeug, versorgten durchziehende Truppentransporte, bemühten sich, Engpässe in der Lebensmittelversorgung zu mildern und beteiligten sich an der Fürsorge für die Familien der Soldaten. Anschaulich berichtet Hedwig Heyl in ihrer Autobiografie von der Sozialarbeit im Krieg. Zurückkehrend von einem Treffen des „internationalen Lyzeums-Klubs" in Paris, erfuhr sie vom Beginn des Krieges. *Ich konnte es gar nicht fassen, dass die vielen warmen Freundschaftshände in Paris sich in Feindschaft von uns abwenden sollen. Indes es war keine Zeit zum Grübeln […] Wir beriefen am selben Abend die maßgebendsten Frauen Berlins zu einer Besprechung ein, und die Vorsitzende des Bundes des Frauenvereins Gertrud Bäumer machte allen klar, dass wir nun gemeinsam die sich aufdrängenden Arbeiten bewältigen müssten. Man fand Verständnis und es wurden Richtlinien aufgeschrieben für den Nationalen Frauendienst, die sofort in die Druckerei wanderten. […] So geschah es, dass unser Plan am andern Morgen in den Händen sämtlicher preußischer*

Kommunen war […] Der Nationale Frauendienst schuf ein Ventil für die stark erschütterten Frauenseelen aller Schichten […] Hand in Hand mit der Stadtverwaltung organisierte sich das Büro, in dem die in der Frauenbewegung geschulten Frauen arbeiteten, die befähigt waren, neue Kräfte anzulernen. In der von meinem Frauenbund der Kolonialgesellschaft eingerichteten Küche, […] speiste zu minimalen Preisen der Mittelstand. Bühnenangehörige und Töchter unserer Gesellschaft versahen mit Begeisterung den Dienst dabei. – Die enge Beziehung zur Stadt ermöglichte es mir, eine große Bestellung für Kleidung und Wäsche von der Stadt zu bekommen, um die vielen sich an die privaten Hilfen wendenden erwerbslosen Frauen zu beschäftigen (Heyl, 1925, 139–141).

In allen Großstädten des Reiches schlossen sich die Vereine der bürgerlichen Frauenbewegung in Dachorganisationen zusammen. Sie regelten die Lebensmittelverteilung, sorgten für preiswerte Essensmöglichkeiten und Arbeitsverdienst für die Frauen der unterbürgerlichen Schichten, deren Männer an der Front waren. Die Vereine der Frauenbewegung schufen und unterhielten Flüchtlingsheime, veranstalteten Kochkurse, wie mit einfachen Mitteln dem Hunger begegnet werden könne, und verteilten Durchhalteparolen. Im Grunde bot der Erste Weltkrieg der bürgerlichen Frauenbewegung eine große Chance, ihren Kritikern zu zeigen, dass der Staat eben nicht nur auf männlichen Schultern ruhe, sondern auch der (gleichberechtigten) Unterstützung des weiblichen Geschlechts bedürfe. Nicht nur Hedwig Heyl stand in der vordersten Reihe der Heimatfront. Die bekannte Repräsentantin der katholischen Frauenbewegung, Elisabeth Gnauck-Kühne beispielsweise entwickelte eine fieberhafte Tätigkeit. *Sie schreibt werbende und zündende Aufsätze, hält Vorträge, regt Zusammenschlüsse an und möchte am liebsten das ganze weibliche Gemeinschaftsleben Deutschlands organisieren zur planmäßigen Unterstützung für das, was die Männer im Kriege leisten. Sich selber stellt sie zur Verfügung, wo man sie brauchen kann und will* (Zeitungsartikel, 1930, zitiert nach Prégardier/Böhm, 1997, 138). Und Franziska Tiburtius, die ihren Beruf bereits aufgegeben hatte, nahm noch einmal für einige Jahre ihre Arzttätigkeit auf. Auch die Sozialdemokratin Anna Blos veröffentlichte 1917 einen Ratgeber für Frauen im Allgemeinen und Arbeiterinnen im Besonderen, die sich in der Kommune ehrenamtlich in der Wohlfahrtspflege engagieren wollten. *Die Möglichkeit und Wichtigkeit der kommunalen Mitarbeit der Frauen wird von den Arbeiterinnen und Arbeiterfrauen immer noch nicht in dem Grade gewürdigt, wie es notwendig wäre,* klagt die Autorin in der Einführung. *Der Krieg hat den Frauen eine ganze Rei-*

he bisher verschlossener Türen geöffnet. Viele Tausende haben sich den Verwaltungen zur Verfügung gestellt als Helferinnen in der kommunalen Kriegsfürsorge. […] Und eine Reihe von Stadtverwaltungen äußern schon jetzt den Wunsch, die kommunale Wohlfahrtspflege auch nach Friedensschluss in den Händen der Frauen zu lassen. Es ist zu hoffen, dass nach dem Kriege die gesetzlichen Schranken fallen, die der Mitarbeit der Frauen in öffentlichen Ämtern noch entgegenstehen. Wenn sich also auf der einen Seite die Frauen der Hoffnung hingeben dürfen, dass der Frieden ihnen das Recht bringen wird, ihre Kräfte dem Dienst der Allgemeinheit zu widmen, so haben sie schon heute die Pflicht, diese Kräfte so auszubilden, dass sie der Allgemeinheit wirklich wertvolle Dienste zu leisten vermögen (Blos, 1917, 3–5). Doch nicht alle Bürgerinnen sahen sich solchermaßen in die Kriegspflicht genommen.

… und Friedensbewegung

Manche der Bürgerinnen stand auf der Seite der erklärten Kriegsgegner. Schon seit den 1890er Jahren hatten sich innerhalb der bürgerlichen Frauenbewegung internationale Zirkel zusammengetan, die gegen die allseits wahrgenommene drohende Kriegsgefahr anschrieben. 1889 war das viel beachtete Buch von Bertha von Suttner „Die Waffen nieder!" erschienen. Doch die Stimmen der Kriegsgegnerinnen gingen 1914 im Waffenlärm nahezu unter. *Wäre ich nur 30 Jahre jünger, ich täte einen Bunde der Pazifistinnen stiften. Wir sind ja schon drei, aus drei können Millionen werden und sind die Millionen eine Milliarde geworden, so haben wir den Weltfrieden* (Nachlass Hauschner, 22, Staatsbibliothek Berlin), schreibt Hedwig Dohm 1916 an Auguste Hauschner, die wie sie entsetzt über den Krieg urteilte. Und in einem im gleichen Jahr publizierten Artikel findet Hedwig Dohm gegen den Zeittrend klare Worte: *Wäre ich der liebe Gott, ich beauftragte Petrus, meinen Pförtner, allen Kriegsstiftern, Kriegshetzern, Kriegsbrünstigen und Kriegsliebenden die Himmelspforte zu sperren mit einem Donnerwort: Unbefugten ist der Eingang nicht gestattet. Bin ich ein Mensch, – nichts als ein Mensch – ich müsste über dieses Krieges weinen, bis meine Augen von Tränen blind geworden* (Dohm, 1916, 286). Schon 1915 hatte sie einen Antikriegsartikel für die „Aktion" geschrieben, den man sich allerdings erst 1917 zu veröffentlichen traute. Darin schreibt sie: *Und ich höre und lese hymnische Worte über die ‚Seligkeit des Sterbens in der Schlacht'. ‚Der Krieg ist Religion, der Krieg ist Leben, nicht Tod.' […] Der Krieg die Verheißung eines neuen Werdens und Wachsens der Menschheit. ‚Krieg' – so kündet ein Enthusiast – ‚muss sein, um den Begriff der Menschheit zu realisieren.' […] Vielleicht, die ‚Begeisterung' für diesen Krieg war ‚tief und echt'. Was beweist es? Tief und echt war auch die fromme Inbrunst, die Heiligkeit der Überzeugung, mit der man einst zur Ehre Gottes und zur Rettung ihrer Seelen Ketzer und Hexen verbrannte. Man kann sich ebenso für Irrtümer und Aberglauben (Dummheiten nicht ausgeschlossen) begeistern, wie für Wahrheiten, die den Stempel: ewig! tragen […] Und das sei unsere Proklamation an die Kommenden: Tod dem Missbrauch des Todes im Krieg! Das Leben den Lebenden im Frieden bis zu seiner natürlichen Vollendung* (Dohm, 1917, 10 f., 23 f., 28).

Bild 15: Redaktion der „Frau im Osten", links die friedensbewegte Repräsentantin der bürgerlichen Frauenbewegung Marie Wegner (1859–1920) im Jahr 1900

Zu einer klar kriegsablehnenden Haltung konnte sich die Mehrheit der im BDF organisierten Frauenrechtlerinnen nicht durchringen. 1915 wiesen der BDF und der radikalere „Verband für Frauenstimmrecht" die Aufforderung zurück, sich an einem internationalen Frauenfriedenskongress in Den Haag zu beteiligen, den die holländische Frauenbewegung organisierte. Rund 2000 Frauen haben die im April 1915 abgehaltene Tagung besucht. Auch 36 Frauen aus Deutschland erhielten Reisepässe für diesen Anlass. Marie Wegner war als Referentin eingeladen worden und sie freute sich auf die Teilnahme. *Ich habe mir dieses Zusammenwirken der Frauen aller Länder gegen den Krieg schon so lange gewünscht*, schreibt sie zwei Wochen vor dem Kongress ihrer Mutter, *und möchte nun, wo endlich im Sinne der Frauenbewegung gearbeitet wird, dabei sein. Ich sehe diesen Kongress als weltgeschichtliches Ereignis, weil die Frauen es zum ersten Mal wagen, gegen den Zeitstrom ihre Meinung öffentlich zu vertreten. Mir scheint diese Zusammenkunft als Anfang einer neuen Zeit, ganz gleich ob der Kongress einen Erfolg haben wird, das heißt einen sichtbaren Erfolg. Denn es scheint mir schon einen Erfolg, wenn Frauen es wagen, unabhängig vom Streit der Männer für das einzutreten, was ihnen recht erscheint* (Bettin, 2003, 85). Rücksichten auf den BDF, vielleicht auch gesundheitliche Erwägungen scheinen ihre Teilnahme dann doch verhindert zu haben. *Ich bin sehr traurig, dass ich nicht dabei sein konnte. Der Bund hat in ganz gemeiner Weise alle Frauen ausgeschlossen, die dort waren. Schrecklich, dass sie es nicht wagen für den Frieden einzutreten* (ebd. 86), so ihr Bericht an den Sohn Richard.

Andere wie Clara Zetkin ließen sich von ihren Organisationen nicht an die Kandare nehmen. In den letzten Jahren vor dem Krieg gehörte sie zu denjenigen Repräsentantinnen ihrer Partei, die keine Gelegenheit versäumten, die internationale Solidarität der Sozialdemokraten und Sozialisten gegen die drohende Kriegsgefahr anzumahnen. Als sich 1914 die Sozialdemokratien aller beteiligten Kriegsparteien willig in die jeweiligen nationalen Fronten einbinden ließen, kündigte Clara Zetkin ihrer politischen Heimat die Gefolgschaft auf und leistete zum ersten Mal in ihrer politischen Karriere den Parteibeschlüssen offenen Widerstand. Gegen den Willen der Partei gehörte sie 1915 zu den Organisatorinnen einer internationalen sozialistischen Frauenkonferenz in Bern. Das Manifest des Kongresses aus der Feder Zetkins ruft mehr oder weniger unverhüllt die Frauen zum Widerstand gegen den Krieg auf. *Frauen des arbeitenden Volkes! Wo sind eure Männer? Wo sind eure Söhne? Seit acht Monaten stehen sie draußen im Feld. Sie sind ihrer Arbeit, ihrem Heim entrissen: Jünglinge, die Stütze und Hoffnung ihrer Eltern, Männer in der Blüte ihrer Jahre, Männer mit ergrauendem Haar, die Ernährer ihrer Familien. Sie alle tragen den bunten Rock, hausen in Schützengräben, sind kommandiert zu vernichten, was fleißige Arbeit aufgebaut hat.* [...] *In diesen schweren Tagen haben sich Sozialistinnen aus Deutschland, England, Frankreich und Russland zusammengefunden. Eure Nöte, eure Leiden haben ihre Herzen bewegt. Um eurer und eurer Lieben Zukunft willen rufen sie euch zum Friedenswerke auf. Wie über die Schlachtfelder hinweg sich ihr Wille zusammenfand, so müsst auch ihr euch aus allen Ländern zusammenschließen, um den einen Ruf zu erheben: Friede! Friede!* (Zetkin, 1915, 668, 671). Ins Deutsche Reich zurückgekehrt, brachte die Friedensarbeit Clara Zetkin Gefängnis ein. Wegen ihrer anhaltenden Antikriegsagitationen musste sie 1917 als Herausgeberin der „Gleichheit" zurücktreten.

Tatsächlich beobachteten die Behörden die *Werbetätigkeit deutscher Pazifisten, insbesondere der Frauen* äußerst wachsam. *Es muss leider zugegeben werden*, heißt es in einem Briefwechsel im preußischen Kriegsministerium von 1916, *dass in den letzten Monaten mehrfach in größeren Städten Straßenkundgebungen unter dem Rufe nach Frieden und Brot stattgefunden haben.* [...] *Es wurde wenigstens Ende Dezember 1915 und anfangs Januar 1916 in München wiederholt versucht, Flugblätter mit aufreizendem, vornehmlich Frieden heischenden Inhalt, die sich hauptsächlich an die Frauen richteten, öffentlich anzuschlagen und in die Privatwohnungen minderbemittelter Leute einzuschmuggeln. All diese Vorkommnisse erscheinen* [...] *geeignet, vom Standpunkt der Landesverteidigung aus ernsthafte Besorgnisse zu erregen.* [...] *Eine schlechte Stimmung im Inland muss naturgemäß sowohl auf das Feldheer wie auf die Gegner nachhaltig wirken* (Brinker-Gabler, 1980, 181–183). Dass der Krieg 1918 verloren ging und mit dessen Ende erstaunlich rasch ein politischer Systemwechsel anstand, dürfte Kriegsbefürworterinnen und Gegnerinnen im Bürgertum indes gleichermaßen überrascht haben.

Epilog 1919: Das Ende eines Lebensstils?

Das Ende des Wilhelminischen Kaiserreiches kündigte sich an, als Anfang November 1918 kriegsmüde Soldaten begannen, sich gegen die sinnlose Weiterführung des verlorenen Krieges zu wehren. Von nun an ging es Schlag auf Schlag. Auf reichsweite Arbeiter- und Soldatenstreiks, Demonstrationen und bürgerkriegsähnliche Zustände erfolgten der erzwungene Rücktritt des Kaisers und die Ausrufung der Republik am 9. November 1918. Die Wahl zur Verfassunggebenden Nationalversammlung im Januar 1919 und deren Verabschiedung im August beendeten auf dem Verfassungsweg die Novemberrevolution und leiteten den Übergang in die Demokratie ein. Jetzt sollten Wahlergebnisse über die Entwicklung einer Gesellschaft entscheiden, die sich bald schon zwischen konservativen/völkischen und sozialdemokratisch/kommunistischen Gesellschaftsmodellen zerrieb. Das Bürgertum als einflussreiche Leitgruppe einer monarchisch/bürgerlich geprägten Welt trat in den Hintergrund. Ob sich die bürgerliche Honoratiorenschaft mit Überzeugung auf eine demokratische Gesellschaft einlassen können würde, war 1919 noch offen. Dass aber der bürgerliche Lebensstil seine Funktion als Leitkultur verlor, war offensichtlich. Den weiblichen Angehörigen des Bürgertums indes schien der Systemwechsel ungeahnte Möglichkeiten zu eröffnen. Schon an der Wahl zur Nationalversammlung durften Frauen ohne Einschränkung teilnehmen. Die Verfassung garantierte das allgemeine freie Wahlrecht für beide Geschlechter. Rasch begann sich die bürgerliche Frauenbewegung in die bestehende Parteienlandschaft einzugliedern. Manche der bekannten Frauenrechtlerinnen übernahmen für ihre Partei auch ein politisches Mandat. Anna Blos zog 1918/19 in den Landesvorstand der württembergischen Sozialdemokratie ein. Als einzige württembergische Vertreterin wurde sie in die Verfassunggebende Nationalversammlung gewählt. Clara Zetkin, Mitglied des sozialdemokratischen Parteivorstands seit 1910, gehörte 1917 zu den Gründerinnen der USPD und sollte später in der Weimarer Republik die KPD im Parlament vertreten. Hedwig Heyl trat der rechtsliberalen „Deutschen Volkspartei" bei. Viele andere, die in diesem Buch zu Wort kamen, haben das Ende des Wilhelminischen Kaiserreiches nicht mehr persönlich erlebt. Vermutlich hätten auch einige von diesen die parlamentarische Bühne in unterschiedlichen Parteien betreten, wenn sie jünger gewesen wären. Frauen stellten tatsächlich knapp 10 % der Abgeordneten in der Nationalversammlung 1919 bzw. 9 % des ersten Reichstags 1920. Das waren weibliche Anteile am politischen Willensbildungsprozess, von denen wenige Jahre zuvor die Aktivistinnen nur geträumt hatten und die erst in den 1980er Jahren sichtlich überholt wurden.

Aber die neue Verfassung brachte nicht nur Änderungen für Frauen in der Wahlrechtsfrage. Artikel 109 bestimmte: *Männer und Frauen haben grundsätzlich dieselben staatsbürgerlichen Rechte und Pflichten.* Damit war die Grundlage dafür geschaffen, geschlechtsspezifische Benachteiligungen im öffentlichen Leben, in Bildung und Beruf endgültig zu beseitigen. Zentrale Forderungen der bürgerlichen Frauenbewegungen schienen nun erfüllt. Doch die Vorherrschaft des Mannes im Familienrecht war nicht angetastet worden. Und inwieweit die alltägliche Praxis in Politik, Wirtschaft und Gesellschaft den Verfassungsvorgaben folgen würde, musste sich erst noch zeigen.

Nahezu prophetisch mutet der Ausblick an, den Marie Wegner nach den Wahlen zur Nationalversammlung im April 1919 veröffentlichte:

Wiederholt bin ich in letzter Zeit gefragt worden, ob wir nun nachdem wir das Wahlrecht haben, nicht unsere Frauenorganisation auflösen würden, wir hätten doch die Endforderung erreicht. Die Ahnungslosen! Als ob wir nicht das Frauenstimmrecht brauchten, um für die Gleichstellung der Frau mit Nachdruck arbeiten zu können! Allerdings heißt es jetzt politisch denken und nicht sich vom Augenblick treiben lassen. Jahrzehntelang haben die weiblichen Angestellten ihren männlichen Kollegen gegenüber die schwersten Kämpfe durchzumachen gehabt, die heute noch zu Tage liegen, indem geflissentlich die weiblichen Kolleginnen aus dem Beruf herausgedrängt werden. Dennoch unterstützt man von den weiblichen Verbänden lieber Angestelltenlisten der Männer, als im eigensten Interesse solche der Frauenbewegung aufzustellen. Die Frauen, die während des Krieges überall hilfreich einsprangen, können nun nach Rückkunft der Männer gar nicht schnell genug aus ihren Stellungen heraus. So selbstverständlich den Soldaten aus dem Felde ihre Stellungen frei gemacht werden müssen, so ungerecht erscheint es, wenn Frauen nun auch Männern weichen sollen, die niemals mit dem Feinde in Berührung kamen, die nicht mehr unter dem Kriege gelitten haben als die Frauen selbst. Aus Österreich und dem Königreich Sachsen kommt die Nachricht, dass in neuester Zeit den Lehrerinnen die größten Schwierigkeiten gemacht werden, wenn es sich um die Besetzung von Direktoratsstellen an den Mädchenschulen handelt, […] *Zuerst in Heidelberg, dann in Leipzig sind den Frauen die Universitäten wegen Überfüllung verschlossen worden. Warum nur den Frauen und nicht den jüngeren Semestern beiderlei Geschlechts? Ist es der Anfang dazu, dass uns die wenigen Errungenschaften der letzten Jahrzehnte wieder genommen werden sollen?* […] *Durch die Einreihung in die Parteien ist den Frauen sicher ein gemeinsames Vorgehen erschwert. Keine Partei wird einem solchen gemeinsamen Vorgehen sehr günstig sein* […] (Bettin, 2003, 166).

Bereits unmittelbar nach Kriegsende zeigte sich, dass in Sachen Geschlechterverhältnisse auf dem Arbeitsmarkt keine frauenfreundliche Politik zu erwarten war. Im Gegenteil, Gewerkschaften und Regierung waren sich darin einig, dass weibliche Beschäftigte oder Arbeitssuchende, die in den Kriegsjahren verstärkt in Männerarbeitsplätze vorgedrungen waren, nun den männlichen Kollegen nachgeordnet zu behandeln waren. Über alle Parteien und Parteiungen hinweg herrschte ein bemerkenswerter Konsens darin, dass *die Arbeitskraft der Frau dem Wirtschaftsleben wieder in einer ihrer Eigenart entsprechenden Weise einzuordnen (war), sei es durch Rückführung in die Familie, die mit allen Mitteln gefördert werden muss,* […] *sei es durch Überführung in Be-*

rufe, die entweder schon vor dem Frieden Frauenberufe waren oder sich im Verlauf der wirtschaftlichen Entwicklung als für sie geeignet erwiesen haben (Rouette, 1993, 93). Bis ans Ende der Weimarer Republik wurde die bedrängte Lage auf dem Arbeitsmarkt von „Doppelverdienerkampagnen" begleitet. Sie postulierten ein Ausscheiden der verheirateten Frau vom Arbeitsmarkt. So blieb es beispielsweise üblich, dass Beamtinnen nach ihrer Heirat ihren Beruf aufgeben mussten. Zwar strebten Mädchen und Frauen in wachsender Zahl in die höheren Schulen und an die Universitäten, die ihnen nun offen standen, doch von Gleichberechtigung auf dem Arbeitsmarkt konnte keine Rede sein. Aber auch typische Merkmale des Lebensstils der Bürgerinnen konnten nicht mehr aufrechterhalten werden. In der Wirtschaftskrise schmolz manches bürgerliche Vermögen sichtlich dahin. Zu den Verliererinnen der großen Inflation zählte beispielsweise Auguste Hauschner, die ihr bekanntes Mäzenatentum beträchtlich einschränken musste. Steigende Frauenlöhne im Handel und in der Fabrik ließen die Gehaltsforderungen junger Dienstmädchen unerfüllbar erscheinen. Der Dienstbotenmangel und die Unfähigkeit gerade finanziell schlechter gestellter bürgerlicher Haushalte, weiterhin Dienstboten bezahlen zu können, entwickelten sich zum Dauerbrenner der Debatten der bürgerlichen Hausfrauenvereine. Wie sollte die eigene Lebensweise aufrechterhalten werden, ohne Dienstboten? Nur die Rationalisierung der Haushaltsarbeit schien notgedrungen einen Ausweg zu bieten. Mehr und mehr begannen bürgerliche Familien, finanziell gezwungen, mitunter auch freiwillig, ihre Töchter öffentlichen Schulen anzuvertrauen. Selbst in Kultur und Geselligkeit boten neue kulturelle Formen, Rundfunk, Kino und Kabarett, der bürgerlichen Leitkultur Konkurrenz. Und so blieb eigentlich außer dem eigenen bildungsbürgerlichen Hintergrund relativ wenig, was die eigene Lebensweise noch von anderen unterschied. Auch die bürgerliche Frauenbewegung schaffte es nicht, sich in der Weimarer Republik neu zu verankern. Viele ihrer sozialen Einrichtungen wurden nun von der öffentlichen Hand übernommen oder gingen mangels finanziellen und persönlichen Engagements ein. Jungen Frauen erschienen die Organisationen der Frauenbewegung ohnehin veraltet und unnötig. Binnen weniger Jahre war aus einem Lebensstil und einer Bewegung Geschichte geworden.

Biografien

ANNA BLOS (1866–1933), geb. Tomasczewska, Tochter eines Militärarztes. Ihre Jungend verbrachte sie in Karlsruhe. Hier durchlief sie die typische höhere Mädchenbildung und ein Lehrerinnenseminar. Zwischen 1885 und 1890 besuchte sie Vorlesungen an der Universität in Berlin. Die Lehrerin, die sich der Sozialdemokratie zuwandte, ging eine späte Ehe (1905) mit dem württembergischen Sozialdemokraten Wilhelm Blos ein, war journalistisch in der „Gleichheit" und anderen sozialdemokratischen Zeitschriften tätig. 1910 zog sie in Stuttgart als erste Frau in einen Ortschulrat ein, 1919 gehörte sie zu den sozialdemokratischen Abgeordneten in der Nationalversammlung. Während der Weimarer Republik veröffentlichte sie Darstellungen zur Geschichte der Frauen in der Revolution von 1848 und zur württembergischen Frauengeschichte.

LILY BRAUN (1865–1916), geb. von Kretschmann, Tochter einer preußischen Generalsfamilie. Sie lebte bis zum Alter von 25 an wechselnden Standorten das typische Leben einer begüterten preußischen Adeligen. Über ihren ersten Ehemann, Professor Georg von Gizycki (Heirat 1893), näherte sie sich bürgerlichen Reformkreisen. Eigenständig fand sie den Weg in die bürgerliche Frauenbewegung und trat nach dem Tod Gizyckis der SPD bei. Wie ihr zweiter Mann, Heinrich Braun (Heirat 1896), gehörte sie dem revisionistischen Flügel der Partei an. Vielseitig rednerisch und schriftstellerisch tätig, suchte sie die Inhalte der radikalen bürgerlichen und der proletarischen Frauenbewegung miteinander zu verbinden. In „Memoiren einer Sozialistin" (1909/11) liefert sie eine anschauliche Schilderung ihres Herkunfts- und des sozialdemokratischen Milieus. Sie war Mutter eines Sohnes, der im Ersten Weltkrieg fiel.

EMILIE BÜCHER (1853–1909), geb. Mittermaier, Tochter des großherzoglich badischen Baurats Philipp Mittermaier und Enkelin des Heidelberger Professors für Strafrecht und Abgeordneten der Nationalversammlung 1848/49, Carl Joseph Anton Mittermaier, und des badischen Staatsministers Johann Baptist Beck. Sie heiratete 1882 den Privatdozenten und Althistoriker Carl Bücher und zog mit ihm nach Dorpat, als er dort den Lehrstuhl für Geografie, Ethnografie und Statistik erhielt; Umzug 1883 nach Basel, 1890 nach Karlsruhe, schließlich 1892 nach Leipzig, als er dort einen Lehrstuhl für Nationalökonomie und Statistik übernahm.

Die Mutter eines Sohnes lebte das typische Leben einer Professorengattin, ein Leben, das durch ihre Briefe an die Familie lebendig wird.

HEDWIG CRÜSEMANN, siehe HEDWIG HEYL

HEDWIG DOHM (1831–1919), geb. Schleh, Tochter eines assimilierten Berliner jüdischen Fabrikanten. Sie heiratete 1853 den Redakteur und späteren Herausgeber des Satireblattes „Kladderadatsch“, Wilhelm Friedrich Ernst Dohm. Nach der Geburt von vier Töchtern und einem Sohn in den Jahren 1854 bis 1860 begann sie 1867 mit eigenen schriftstellerischen Arbeiten. Wichtige feministische Essays erschienen bis 1879. Seit den 1880er Jahren zählt Dohm zum radikalen Flügel der bürgerlichen Frauenbewegung. Sie war Mitbegründerin des Vereins „Frauenwohl“, der sich für das Frauenstudium einsetzte, Ehrenpräsidentin im „Deutschen Verein für Frauenstimmrecht“ und Mitbegründerin des „Bundes für Mutterschutz“. Zwischen 1896 und 1902 veröffentlichte sie eine Romantrilogie, die sich mit dem Handlungsspielraum von Frauen auseinandersetzt. Dazu kommen zahlreiche Artikel in den Organen der radikalen Frauenbewegung. Im Ersten Weltkrieg nahm sie eine pazifistische Position ein.

HEDWIG DOHM, siehe HEDWIG PRINGSHEIM

MARGARETHE VON ENDE, siehe MARGARETHE KRUPP

CLARA EIẞNER, siehe CLARA ZETKIN

ELISABETH GNAUCK-KÜHNE (1850–1917), geb. Kühne, entstammt einer höheren Beamtenfamilie. Nach Gang durch die zeitgenössische Mädchenbildung, schloss sie 17-jährig den Besuch eines Lehrerinnenseminars mit dem Examen ab. Ihrer anschließenden Arbeit als Erzieherin folgte 1875 die Gründung eines Schulinstituts für höhere Töchter in ihrer Heimatstadt Blankenburg (Harz). 1888 ging sie eine Ehe mit dem Arzt Rudolf Gnauck ein, die bereits 1890 wieder geschieden wurde. Mit ministerieller Sondergenehmigung studierte sie in Berlin Nationalökonomie. Seit 1891 war sie als Repräsentantin erst der evangelischen, dann der katholischen Frauenbewegung engagiert und als Schriftstellerin tätig. Ihre Schriften über das „Universitätsstudium der Frauen“ (1891) und „Die deutsche Frau um die Jahrhundertwende“ (1904) waren zeitgenössisch berühmt.

AUGUSTE HAUSCHNER (1850–1924), geb. Sobotka, Tochter eines vermögenden Prager Textilfabrikanten und Gutsbesitzers . Nach ihrer Heirat mit dem Industriellen Benno Hauschner im Jahr 1871 lebte sie in Berlin. Dort unterhielt sie einen Salon, Treffpunkt der Berliner Kunst- und Literaturszene. Schon vor dem Tod ihres Mannes im Jahr 1890 fing sie an, eigene Theaterstücke unter dem Pseudonym Auguste Montag zu veröffentlichen. Später schrieb sie unter ihrem eigenen Namen. In ihren Romanen „Die Familie Lowositz" (1908) und „Rudolf und Camilla" (1910) verarbeitete sie auch die Geschichte ihrer eigenen Familie. Als jüdische Schriftstellerin befasste sie sich vor allem mit Fragen der jüdischen Assimilation an die christliche Mehrheitsgesellschaft und mit dem Zusammenleben von Deutschen und Tschechen in Böhmen.

HEDWIG HEYL (1850–1934), geb. Crüsemann, Tochter einer Bremer Reederfamilie. Sie heiratete nach der gängigen höheren Mädchenerziehung 18-jährig den Charlottenburger Chemiefabrikanten Georg Heyl und bekam mit ihm fünf Kinder. Unmittelbar nach ihrer Heirat begann sie soziale Organisationen ins Leben zu rufen, erst rund um die Fabrik der Familie, später im Kontext der bürgerlichen Frauenbewegung. Politisch nationalliberal orientiert, lagen ihr die Verbesserung hauswirtschaftlicher Ausbildungsgänge besonders am Herzen. Daneben übernahm sie in zahlreichen Organisationen der bürgerlichen Frauenbewegung Verantwortung. Nach dem Tod ihres Mannes 1889 leitete sie sieben Jahre selbstständig die Fabrik. 1904 übernahm sie die Organisation des „Internationalen Frauentags", 1912 der zeitgenössisch berühmten Ausstellung „Die Frau in Haus und Beruf" in Berlin.

LILY VON KRETSCHMANN, siehe LILY BRAUN

MARGARETHE KRUPP (1854–1931), geb. von Ende, entstammt einer preußischen altadeligen Beamtenfamilie und erfuhr die typische Erziehung und Jugend einer höheren Tochter. 24-jährig begann sie gegen den Willen der Eltern eine Erzieherinnentätigkeit in standesgemäßen Häusern in England und am Hof des Fürstenhauses Anhalt-Dessau. 1882 wurde sie die Ehefrau des Unternehmers Friedrich Alfred Krupp, mit dem sie schon lange befreundet war. Der Ehe entstammen zwei Töchter. Nach dem Tod ihres Ehemannes 1902 führte sie bis zur Heirat ihrer Tochter Bertha 1906 das Krupp-Unternehmen treuhänderisch zusammen mit einem Beirat. Neben den Repräsentationspflichten der

Gattin eines Großunternehmers übernahm sie soziale Aufgaben für die Arbeiterschaft des Unternehmens und die Stadt Essen. Auf ihre Stiftung geht die Gartenstadt „Margarethenhöhe", ein heutiger Essener Stadtteil und Weltkulturerbe, zurück.

ELISABETH KÜHNE siehe ELISABETH GNAUCK-KÜHNE

MATHILDE LAMMERS (1837–1905), Kaufmannstochter. Nach dem Besuch der höheren Mädchenschule in Lüneburg arbeitete sie als Erzieherin. Im Anschluss an das Lehrerinnenexamen in Bremen war sie dort an einer höheren Töchterschule tätig. Seit 1878 war sie an der Leitung des Bremer Lehrerinnenseminars beteiligt. Ihre schriftstellerische Tätigkeit, überwiegend zur weiblichen Berufsarbeit, begann 1870. 1895 zog sie sich aus der Lehrtätigkeit zurück und arbeitete nur noch schriftstellerisch. Als ihr Hauptwerk gilt die Schrift „Die Frau, Ihre Stellung und Aufgabe in Haus und Welt" (1877). In Reden und Schriften setzte sie sich besonders dafür ein, bürgerlichen Frauen eine qualifizierte schulische und berufliche Ausbildung zu eröffnen.

EMILIE MITTERMAIER, siehe EMILIE BÜCHER

ANNA PAPPRITZ (1861–1939), Tochter einer Gutsbesitzerfamilie in Brandenburg, durchlief die übliche private Schuldbildung einer höheren Tochter. Ein Reitunfall der 19-Jährigen, eine daraus resultierende Operation, ein bleibendes Hüftleiden und Kränklichkeit verhinderten wohl den üblichen Lebensweg einer Bürgerin als Gattin eines passenden Mannes. In ihren Dreißigern begann sie schriftstellerisch tätig zu werden. Ein Aufenthalt in England 1895 brachte sie in Kontakt mit der abolitionistischen und der Frauenbewegung. 1899 gründete sie einen Zweigverein der „Internationalen Abolitionistischen Föderation" (IAF) in Berlin. Der Kampf in schriftstellerischer Tätigkeit und Vortragsreisen gegen die rechtlichen und gesellschaftlichen Rahmenbedingungen der Prostitution, die Befreiung des weiblichen Geschlechts von Doppelmoral und für eine neue Sittlichkeit wurden von nun an zu ihrem Lebensinhalt.

HEDWIG PRINGSHEIM, geb. Dohm (1855–1942), Tochter der Schriftstellerin Hedwig Dohm und des „Kladderadatsch"-Herausgebers Ernst Dohm. Nach absolvierter höherer Mädchenbildung mit Hausunterricht und Pensionatsaufenthalt wurde sie 19-jährig am Hoftheater in

Meiningen als Schauspielerin engagiert. Aus ihrer 1878 geschlossenen Ehe mit dem aus vermögendem Elternhaus stammenden Mathematikprofessor Alfred Pringsheim gingen fünf Kinder hervor. Das großbürgerliche Haus der Pringsheims in München stellte für mehrere Jahrzehnte einen gesellschaftlichen Mittelpunkt dar, über den sie in ihren Briefen anschaulich berichtet.

MARGARETE STEIFF (1847–1909), Kind einer selbstständigen Handwerkermeisterfamilie in Giengen an der Brenz. Zweijährig erkrankte sie an Kinderlähmung. Die vollständige Lähmung der Beine und die Teillähmung eines Armes blieben zurück. Krankheitsbedingt schied wohl eine Heirat und Familiengründung als Lebensziel aus. Nach dem Besuch der Volksschule verdiente sie eigenes Geld durch Näharbeiten. Dreißigjährig gründet sie mit familiärer Unterstützung ein Filzwarengeschäft, aus dem 1882 die Filzsachen- und Spielwarenfabrik Steiff hervorging. 1897 arbeiteten zehn angestellte Näherinnen und dreißig Heimarbeiterinnen für die Unternehmerin. In ihrem Todesjahr waren in ihrer Firma 400 Personen angestellt und mehr als 1800 Heimarbeiterinnen lieferten zu.

HEDWIG SCHLEH, siehe HEDWIG DOHM

AUGUSTE SOBOTKA, siehe AUGUSTE HAUSCHNER

FRANZISKA TIBURTIUS (1843–1927), Tochter eines Gutspächters und einer Pfarrerstochter auf Rügen. Sie durchlief die gängige Mädchenerziehung, arbeitete als Erzieherin und Hauslehrerin und macht das Lehrerinnenexamen, bevor sie mit Unterstützung ihrer Familie 1871 in Zürich Medizin zu studieren begann. Nach Examen und Promotion 1876 ließ sie sich trotz massiver Widerstände seitens der Ärzteschaft und der Behörden in Berlin als Ärztin nieder. Dort gründete sie 1878 zusammen mit ihrer Studienkollegin Emilie Lehmus eine Polyklinik für die ärmere Bevölkerung, die sich im Laufe der nächsten Jahrzehnte ausweitete und in die 1908 gegründete erste „Chirurgische Klinik weiblicher Ärzte" mündete. Ihre 1924 publizierten Lebenserinnerungen geben einen anschaulichen Einblick in die Schwierigkeiten, die mit dem Eintritt von Frauen in akademische Berufe verbunden waren.

Anna Tomasczewska, siehe Anna Blos

Marie Wegner, geb. Witt (1859–1920), Tochter einer Gutsbesitzerfamilie in Posen. Nach Kindheit und Jugend in Posen, Dresden und Berlin heiratete sie 1883 Reichsbahnrat Gustav Wegner. Drei Söhne wurden zwischen 1884 und 1892 geboren. Die Wohnorte wechselten entsprechend der Beamtenlaufbahn des Ehemannes. Erste Aktivitäten in der Frauenbewegung lassen sich seit 1900 nachweisen. Intensive agitatorische und schriftstellerische Arbeit für den „Bund Deutscher Frauenvereine" fielen in das erste Jahrzehnt des 20. Jahrhunderts. Sozial- und kommunalpolitisch engagiert, aktiv in der Frauenstimmrechtsbewegung und während des Ersten Weltkriegs in der Friedensbewegung, gehörte die streitbare Frauenrechtlerin zum radikalen Flügel der bürgerlichen Frauenbewegung.

Marie Witt, siehe Marie Wegner

Clara Zetkin, geb. Eißner (1857–1933). Ihr Vater war der Wiederaner Kirchschullehrer und Kantor Gottfried Eißner. Ihre Mutter Josephine, geb. Vitale, war die Tochter eines Professors für französische und italienische Sprache an der Thomasschule in Leipzig und Arztwitwe. Die Mutter sorgte für eine bildungsbürgerliche liberaldemokratische Erziehung ihrer Tochter. Zwischen 1874 und 1878 besucht sie das Lehrerinnenseminar von Auguste Schmidt in Leipzig. Ihr Lehrerinnenexamen 1878 fiel mit der Aufnahme politischer Tätigkeit für die Sozialdemokratie zusammen. Beschäftigungen als Erzieherin in Privathaushalten in Leipzig, Österreich und in der Schweiz endeten 1883. Von nun an war sie hauptberuflich für die Sozialdemokratie tätig. Ihrer in Paris 1883 mit Ossip Zetkin geschlossenen Verbindung entsprangen zwei Söhne. 1890, nach dem Tod Ossip Zetkins wieder nach Deutschland zurückgekehrt, galt ihr Hauptengagement dem Aufbau der proletarischen Frauenbewegung. Ihre 1899 geschlossene Ehe mit dem Maler Georg Friedrich Zundel endete 1928 mit einer Scheidung.

Literatur

Alexander, Gertrude (1927): aus Clara Zetkins Leben und Werk, Berlin: Vereinigte Internationale Verlagsanstalt.

Bäumer, Gertrud (1901): Die Geschichte der Frauenbewegung in Deutschland, in: Handbuch der Frauenbewegung, 1. Teil, hrsg. Von Helene Lange und Gertrud Bäumer, Berlin: Moeser, S. 1–166.

Beradt, Martin/Bloch-Zavřel, Lotte (1929): Briefe an Auguste Hauschner, Berlin: Rowohlt.

Bernays, Marie (1920): Die deutsche Frauenbewegung, Leipzig: B. G. Teubner.

Bettin, Henriette (2003): Auf den Spuren von Marie Wegner. 1859–1920. Briefe einer vergessenen engagierten Frauenrechtlerin Anfang des 20. Jahrhunderts, Freiburg: Drei Birken Verlag.

Blos, Anna (1917): Kommunale Frauenarbeit im Kriege, Berlin: Verlag für Sozialwissenschaft.

Blos, Anna (1929): Frauen in Schwaben. 15 Lebensbilder, Stuttgart: Silberburg Verlag.

Blos, Anna u. a. (1930): Die Frauenfrage im Lichte des Sozialismus, Dresden: Kaden.

Böhm, Irmingard (1997): Ida Ernst – die Lebensbegleiterin von Elisabeth Gnauck-Kühne, in: Prégardier, Elisabeth/Böhm, Irmingard (Hrsg.): Elisabeth Gnauck-Kühne (1850–1917). Zur sozialen Lage der Frau um die Jahrhundertwende, Annweiler: Plöger Verlag, S. 141–145

Brandt, Heike (1989): ‚Die Menschenrechte haben kein Geschlecht'. Die Lebensgeschichte der Hedwig Dohm, Weinheim: Beltz.

Braun, Lily (1901): Die Frauenfrage. Ihre geschichtliche Entwicklung und wirtschaftliche Seite, Leipzig: Hirzel.

Braun, Lily (1985): Memoiren einer Sozialistin, Originalausgabe (1909/11), Berlin: J.H.W. Dietz.

Braun, Lily (1918): Im Schatten der Titanen. Erinnerungen an Baronin Jenny von Gustedt, Stuttgart: Deutsche-Verlagsanstalt.

Brinker-Gabler, Gisela (Hrsg.) (1980): Frauen gegen den Krieg, Frankfurt: Fischer.

Brod, Max (1979): Der Prager Kreis, Frankfurt: Suhrkamp.

Budde, Gunilla (2009): Blütezeit des Bürgertums. Bürgerlichkeit im 19. Jahrhundert, Darmstadt: WBG.

Bunsen, Marie von (1916): Die Frau und die Geselligkeit, Leipzig: Seemann & Co.

Dohm, Hedwig (1873): Der Jesuitismus im Hausstande, Berlin: Wedekind & Schwieger.

Dohm, Hedwig (1894): Werde, die Du bist, Nachdruck: 2012, edition mabila.

Dohm, Hedwig (1896): Sibilla Dalmar. Roman aus dem Ende unseres Jahrhunderts, Berlin: S. Fischer.

Dohm, Hedwig (1902): Die Antifeministen. Ein Buch der Verteidigung, Berlin: Dümmler.

Dohm, Hedwig (1903): Die Mütter. Beitrag zur Erziehungsfrage, Berlin: S. Fischer.

Dohm, Hedwig (1911): Zur sexuellen Moral der Frau, in: Die Aktion, 1 (1911), Sp. 360–362, abgedruckt in: Nikola Müller/Isabel Rohner (Hrsg.) (2006): Hedwig Dohm. Ausgewählte Texte, Berlin: Trafo, S. 238–242.

Dohm, Hedwig (1912): Kindheitserinnerungen einer alten Berlinerin, abgedruckt in: Rahm, Berta (Hrsg.) (1980): Hedwig Dohm. Erinnerungen, Zürich: Ala-Verlag, S. 45–78.
Dohm, Hedwig (1916): Wäre ich ein glühender Patriot, abgedruckt in: Müller/ Rohner, Isabel (Hrsg.) (2006): Hedwig Dohm – Ausgewählte Texte, Berlin: trafo, S. 286.
Dohm, Hedwig (1917): Der Mißbrauch des Todes. Senile Impressionen, Berlin-Wilmersdorf: Die Aktion. Nachdruck 1986, Düsseldorf: Zwiebelzwerg Verlag.
Dohm, Hedwig (1919): Auf dem Sterbebett, in: Vossische Zeitung, 7.6.1919, abgedruckt in: Rahm, Berta (Hrsg.) (1980): Hedwig Dohm. Erinnerungen, Zürich: Ala-Verlag, S. 197–200.
Duboc, Julius (1896): Die äußerste Linke der Frauenbewegung, abgedruckt in: Rahm, Berta (Hrsg.) (1980): Hedwig Dohm. Erinnerungen, Zürich: Ala-Verlag, S. 103–110.
Freudenberg, Ika (1909): Moderne Sittlichkeitsprobleme, in: Frauenbewegung und Sexualethik von Gertrud Bäumer u. a., Heilbronn 1909: Verlag von Eugen Salzer, S. 1–26.
Frevert, Ute (1985): „Fürsorgliche Belagerung". Hygienebewegung und Arbeiterfrauen im 19. und frühen 20. Jahrhundert, in: Geschichte und Gesellschaft, 11, S. 420–446.
Friz, Diana Maria (2009): Margarethe Krupp. Das Leben meiner Urgroßmutter, 2. Aufl. München: dtv.
Germershausen, Emily (1920): Die Kochschule und das Jugendheim, Gründung und Beginn, in: Hopffgarten, Elise von (Hrsg.) (1920): Hedwig Heyl. Ein Gedenkblatt zu ihrem 70. Geburtstage dem 5. Mai 1920 von ihren Mitarbeitern und Freunden, Berlin: Dietrich Reimer. S. 64–71.
Gnauck-Kühne, Elisabeth (1891): Das Universitätsstudium der Frauen, Oldenburg: Schulze.
Gnauck-Kühne, Elisabeth (1895): Die sociale Lage der Frau, Berlin: Otto Liebmann.
Gnauck-Kühne, Elisabeth (1904): Die Deutsche Frau um die Jahrhundertwende. Statistische Studie zur Frauenfrage, Berlin: Otto Liebmann.
Gnauck-Kühne, Elisabeth (1909/10): Kindheitserinnerungen, in: Die Christliche Frau, Bd. 8, S. 126–128.
Grisebach, Eduard (1873): Die Wanderung der Novelle von der treulosen Witwe durch die Weltliteratur, Wien: L. Rosner.
Hauschner, Auguste (1906/07): Um eine Seele, in: Deutsche Arbeit. Monatsschrift für das Geistige Leben in Böhmen, 6, 413–415.
Haushofer, M. (1897/98): Mäcenatenthum, Lieberhaberthum, Protzenthum, in: Kunst und Handwerk, 47. Jg. H. 2, S. 41–49.
Heyl, Hedwig (1905): Handbuch für Hausarbeit. Lehrgang des Pestalozzi-Fröbel-Hauses II, Berlin: Carl Habel.
Heyl, Hedwig (1906): Aus meiner Kinderstube, in: Hopffgarten, Elise von (Hrsg.) (1920): Hedwig Heyl. Ein Gedenkblatt zu ihrem 70. Geburtstage dem 5. Mai 1920 von ihren Mitarbeitern und Freunden, Berlin: Dietrich Reimer, S. 11–42.
Heyl, Hedwig (1925): Aus meinem Leben, Berlin: C. A. Schwetschke& Sohn.
Höser, Julius (1906): Das Königliche Lehrerinnen-Seminar zu Callnberg. Festschrift zur Feier des 50jähr. Bestehens der Anstalt, Lichtenstein: Otto Koch & Wilhelm Pester.

Hopffgarten, Elise von (Hrsg.) (1920): Hedwig Heyl. Ein Gedenkblatt zu ihrem 70. Geburtstage dem 5. Mai 1920 von ihren Mitarbeitern und Freunden, Berlin: Dietrich Reimer.

Janitschek, Maria (1910): Gesammelte Gedichte, 2., verm. Aufl., Stuttgart: Union Dt. Verl.-Ges.

Jens, Inge und Walter (2006): Auf der Suche nach dem verlorenen Sohn. Die Südamerika-Reise der Hedwig Pringsheim 1907/08, Reinbek bei Hamburg: Rowohlt.

Jens, Inge und Walter (2008): Katias Mutter. Das außerordentliche Leben der Hedwig Pringsheim, Reinbek bei Hamburg: Rowohlt.

Juchacz, Marie (1955): Anna Blos, in: Dies.: Sie lebten für eine bessere Welt. Lebensbilder führender Frauen des 19. Jahrhunderts, Berlin: J. H. W. Dietz Nachf., S. 111–114.

Katz, Gabriele (2011): Margarete Steiff. Die Biografie, Berlin: Osburg.

Korsch, Hedda (1980): Erinnerungen an Hedwig Dohm, in: Rahm, Berta (Hrsg.) (1980): Hedwig Dohm. Erinnerungen, Zürich: Ala-Verlag, S. 11–37.

Kuhn, Bärbel (2000): Familienstand: ledig. Ehelose Frauen und Männer im Bürgertum (1850–1914), Köln: Böhlau.

Lammers, Mathilde (1877): Die Frau. Ihre Stellung und Aufgabe in Haus und Welt, Leipzig: Veit.

Lammers, Mathilde (1884): Deutsche Lehrerinnen im Auslande, Berlin: Habel.

Lammers, Mathilde (1887/88): Alma's Erfahrungen, in: Die Lehrerin in Schule und Haus 4 (1887/88) S. 115–123, 146–153, 174–183.

Lange, Helene (1887): Die höhere Mädchenschule und ihre Bestimmung, in: Lange, Helene (1928): Kampfzeiten: Aufsätze und Reden aus vier Jahrzehnten. Erster Band, Berlin: Herbig, S. 7–59.

Lange, Hella-Sabrina (2006): „Wir stehen alle wie zwischen zwei Zeiten." Zum Werk der Schriftstellerin Auguste Hauschner (1850–1924), Essen: Klartext.

Mann, Hans-Joachim (1977). Wilhelm und Anna Blos, Stuttgart.

Mann, Katia (1974): Meine ungeschriebenen Memoiren, Frankfurt: S. Fischer.

Müller, Johannes (1903): Der Beruf und die Stellung der Frau, 2. Aufl. Leipzig: Verlag der Grünen Blätter.

Müller, Nikola/Rohner, Isabel (Hrsg.) (2009): Briefe aus dem Krähwinkel, Berlin: trafo.

Müller, Nikola/Rohner, Isabel (Hrsg.) (2006): Hedwig Dohm. Ausgewählte Texte, Berlin, S. 238–242.

Otto, Louise (1890): Weibliche Freundschaften, in: Neue Bahnen Bd. 25, S. 137–140.

Pappritz, Anna (1908): Wie ich zu meiner Arbeit kam. Unveröffentlichtes Manuskript, Nachlass Anna Pappritz, Helene Lange Archiv, Berlin.

Pappritz, Anna (1909): Die Prostitution als sozial-ethisches Problem, in: Frauenbewegung und Sexualethik von Gertrud Bäumer u. a., Heilbronn 1909: Verlag von Eugen Salzer, S. 163–176.

Prégardier, Elisabeth/Böhm, Irmingard (Hrsg.) (1997): Elisabeth Gnauck-Kühne (1850–1917): Zur sozialen Lage der Frau um die Jahrhundertwende, Annweiler: Plöger Verlag.

Pielhoff, Stephen (2010): Nicht aus einem Guss. Friedrich Alfred Krupps Beziehungen als Stifter und Mäzen, in: Epkenhans, Michael (Hrsg.): Friedrich Alfred Krupp. Ein Unternehmer im Kaiserreich, München: Beck, S. 109–130.

Pringsheim, Hedwig (1930): Häusliche Erinnerungen, in: Vossische Zeitung, 27.3.1930.

Pringsheim, Hedwig (1930a): Meine Eltern Ernst und Hedwig Dohm, in: Vossische Zeitung, 11.5.1930.

Pringsheim, Hedwig (1930b): Ernst Dohms Montag-Abende, in: Vossische Zeitung, 3.1.1930.

Pringsheim, Hedwig (2008): Meine Manns. Briefe an Maximilian Harden. 1900–1922, hrsg. von Helga und Manfred Neumann, Berlin: Aufbau Taschenbuch.

Puschnerat, Tânia (2003): Clara Zetkin. Bürgerlichkeit und Marxismus: eine Biografie, Essen: Klartext.

Raumer, Karl von (1853): Die Erziehung der Mädchen, Stuttgart: Samuel Gottlieb Liesching. Nachdruck: Paderborn 1988: M. Hüttemann.

Riehl, Wilhelm Heinrich (1855): Die Familie (= Die Naturgeschichte des Volkes als Grundlage einer deutschen Social-Politik Bd. 3), Stuttgart: Cotta.

Riepl-Schmidt, Mascha (1998): Anna Blos, geborene Tomasczewska, Historiographie einer weiblich revolutionären Tradition – Geschichtsschreibung im Spiegel des eigenen Lebens, in: Frauen&Geschichte Baden-Württemberg (Hrsg.): Frauen und Revolution. Strategien weiblicher Emanzipation 1789 bis 1848, Tübingen: Silberburg-Verlag, S. 134–156, 260–267.

Rhoden, Emmy von (1892): Trotzkopf. Eine Pensionatsgeschichte für erwachsene Mädchen, Stuttgart: Weise.

Rouette, Susanne (1993): Sozialpolitik als Geschlechterpolitik: die Regulierung der Frauenarbeit nach dem Ersten Weltkrieg, Frankfurt: Campus.

Schaser, Angelika (2010): Margarethe Krupp: Entwurf eines Lebens im Zentrum der Krupp-Saga, in: Epkenhans, Michael/Stremmel, Ralf (Hrsg.): Friedrich Alfred Krupp. Ein Unternehmer im Kaiserreich, München: Beck, S. 179–204, 245–249.

Schott, Sigmund (1900): Der Dienstbotenwechsel in der Stadt Mannheim, in: Jahrbuch für Nationalökonomie und Statistik, 74, S. 370–381.

Simon, Helene (1928): Elisabeth Gnauck-Kühne. Eine Pilgerfahrt, Bd. 1, M. Gladbach: Volksvereins-Verlag.

Schreiber, Adele (1914): Hedwig Dohm als Vorkämpferin und Vordenkerin neuer Frauenideale, abgedruckt in: Rahm, Berta (Hrsg.) (1980): Hedwig Dohm. Erinnerungen, Zürich: Ala-Verlag, S. 189–196.

Teufel, Helena (1991): Auguste Hauschner – eine Pragerin in Berlin, in: Pazi, Margarita/Zimmermann, Hans Dieter (Hrsg.): Berlin und der Prager Kreis, Würzburg: Königshausen und Neumann, S. 57–80.

Tiburtius, Franziska (1929): Erinnerungen einer Achtzigjährigen, Berlin: C.A. Schwetschke& Sohn.

Wagner-Hasel, Beate (2011): Die Arbeit des Gelehrten. Der Nationalökonom Karl Bücher (1847–1930), Frankfurt: Campus.

Wellmer, Meta (1877): Deutsche Erzieherinnen und deren Wirkungskreis, Leipzig: Verlag von Louis Senf.

Wiedemann, Hans-Rudolf (1985): Thomas Manns Schwiegermutter erzählt, Lübeck: Graphische Werkstätten Verlag.

Zelfel, Alexandra (2004), Erziehen – die Politik von Frauen. Erziehungsdiskurse im Spiegel von Frauenzeitschriften im ausgehenden 19. Jahrhundert, Bad Heilbrunn: Julius Klinkhardt.

Zetkin, Clara (1899): Der Student und das Weib, Berlin: Verl. d. Sozialist. Monatshefte.
Zetkin, Clara (1904): Die Schulfrage. Rede auf der 3. Frauenkonferenz in Bremen, 18. September 1904. Abgedruckt in: Clara Zetkin. Ausgewählte Reden und Schriften, Bd. 1, Berlin 1957: Dietz Verlag, S. 251–271.
Zetkin, Clara (1915): Frauen des arbeitenden Volkes! Abgedruckt in: Clara Zetkin. Ausgewählte Reden und Schriften, Bd. 1, Berlin 1957: Dietz Verlag, S. 668–671.
Georg Friedrich Zundel 1875–1975 (1975): Ausstellung der Kunsthalle Tübingen, 6. 9. bis 12. 10. 1975, Tübingen: Kunsthalle Tübingen.

Abbildungsverzeichnis